对标新加坡建设自贸港

新加坡国家治理体系和治理能力现代化的启示

熊安静　李世杰◎编著

Benchmarking Singapore We will Build Free Trade Ports

中国经济出版社
CHINA ECONOMIC PUBLISHING HOUSE
北　京

图书在版编目（CIP）数据

对标新加坡 建设自贸港：新加坡国家治理体系和治理能力现代化的启示／熊安静，李世杰编著. —北京：中国经济出版社，2020.4（2021.4 重印）

ISBN 978－7－5136－6063－1

Ⅰ.①对… Ⅱ.①熊… ②李… Ⅲ.①国家-行政管理-现代化管理-研究-新加坡 ②自由贸易区-经济发展-研究-新加坡 Ⅳ.①D733.93 ②F753.39

中国版本图书馆 CIP 数据核字（2020）第 033422 号

责任编辑 姜 静
责任印制 马小宾
封面设计 久品轩

出版发行 中国经济出版社
印 刷 者 北京柏力行彩印有限公司
经 销 者 各地新华书店
开 本 710mm×1000mm 1/16
印 张 15.25
字 数 246 千字
版 次 2020 年 4 月第 1 版
印 次 2021 年 4 月第 3 次
定 价 68.00 元
广告经营许可证 京西工商广字第 8179 号

中国经济出版社 **网址** www.economyph.com **社址** 北京市东城区安定门外大街 58 号 **邮编** 100011

本版图书如存在印装质量问题，请与本社销售中心联系调换（联系电话：010－57512564）

代　序

努力争创中国海南自由贸易港政府治理实践范例

习近平总书记2013年4月视察海南时要求，海南要在打造更具活力的体制机制、拓展更加开放的发展局面上走在全国前列。2018年4月13日，习近平总书记在庆祝海南建省办经济特区30周年大会上指出，“海南全岛建设自由贸易试验区，要以制度创新为核心”。“要更大力度转变政府职能，深化简政放权、放管结合、优化服务改革，全面提升政府治理能力”。2018年以来，习近平总书记在首届中国国际进口博览会、二十国集团领导人大阪峰会等重要场合，强调要加快探索建设海南自由贸易港进程。习近平总书记这几次重要讲话启示我们，加快探索建设海南自由贸易港的基础和前提是从制度建设入手，不断提升政府治理体系和治理能力现代化水平，并努力走在全国乃至世界前列。

早在1887年，恩格斯在《对英国北方社会主义联盟纲领的修正》一文中明确提出：“我们的目的是要建立社会主义制度，这种制度将给所有的人提供健康而有益的工作，给所有的人提供充裕的物质生活和闲暇时间，给所有的人提供真正的充分的自由。”这一论述阐明了社会主义制度与自由之间的辩证关系。自由贸易港的突出特征，就是实现人流、物流、资金流、信息流的自由流动。但没有完善的现代治理体系和制度，自由是无从谈起的。

2018年7月，我从北方城市天津调到祖国最南端的全国最大经济特区海南工作，有幸投身于推进海南全面深化改革开放这一重大国家战略的宏伟事业，对自由贸易港建设也有了更加深入的思考和认识。加快中国海南自由贸易港建设，对于新时代的中国、对于站在改革开放前沿的海南来讲，都是一项全新的事业，没有现成的经验或模式可借鉴。我们加快探索建设海南自由贸易港，既需要科学的顶层设计，也需要在实践中摸索规律并上升为制度，持续推动制度化、规范化、程序化和信息化，不断提升政府治理能力。

制度化，就是通过具体的制度设计、制度安排，将不同的治理工作以制度的形式确立下来。制度一旦确立，除非以合法的方式和途径，任何组织或者个人都不得予以改变。对于制度的重要性，邓小平同志曾经说过，“没有制度，工作搞不起来；制度问题更带有根本性、全局性、稳定性和长期性”。一年多来，在协调推动海南全面深化改革开放的实践中，海南积极争取政策支持，以《中共中央国务院关于支持海南全面深化改革开放的指导意见》为核心的“1+N”政策体系不断完善，目前已经正式印发9个方案，公开发布42项制度创新案例，基本搭建了新时代海南全面深化改革开放的“四梁八柱”，在国际国内形成了良好的预期。

规范化，就是通过一系列明确、具体和可操作的规则来规范各种行为。比如，政府通过什么方式开展活动、行使职权，公众对政府治理提出意见和建议，以及相关部门采纳和反馈的行为方式，等等。规范化是制度化实现的基本方式，完善的制度只有通过科学、良好的运行才能实现其价值。政府治理的制度化亦是如此，其成效只有通过规范化的运作才能充分发挥出来。俗话说，没有规矩，不成方圆。很多腐败行为和不公平事件的发生，都与制度执行的不规范和随意性有关。所以，推进政府治理体系和治理能力现代化的一个重要内容，就是把各方面的制度、准则、程序、要求等规范起来，尽量避免因人废法、随意变通的现象。

程序化，就是明确规定政府治理行为的具体程序，保证治理主体和不同利益群体在政府治理体系中能够开展和谐、有序的活动，使相关制度得以正常运行。一项好的制度和具体规范确立后，实际的贯彻执行就显得尤为重要，这就需要科学、合理、可操作的程序来保障。程序有时能够决定结果，这也是程序正义的价值所在。政府治理的程序设计要涵盖各个方面，覆盖经济、政治、文化、社会和生态不同领域，包含治理行为的每个环节，做到哪里有政府治理行为，哪里就有相关制度落实的程序。要在程序规定文本上确保程序要素齐备、目标明确、内容具体、逻辑严密、形式规范，努力使程序规定不留有机可乘的漏洞和自由裁量的空间。

信息化，就是指政府的任何决策必须以信息为基础。全面、真实和及时的信息，是决策科学的重要保证。以信息化建设助推提升政府治理能力，是习近平总书记2016年提出的重要内容。在现代社会，尤其是在自由贸易港这一当今世界最高水平的开放形态下，信息以海量的形式存在，且比较复杂，变化速度更快，信息收集和处理的难度也更大。在决策过程中，信息一旦失真或以片面、过时的信息作为决策依据，就必然会导致决策失误。而现代信息技术的出现和发展，为科学收集和处理决策信息提供了有效的技术支撑，从而为科学决策提供了技术保障。美国、新加坡等发达国家很早就注重以信息化推进国家治理决策体系和决策能力现代化，打通信息壁垒，构建信息资源共享体系，更好地利用信息化手段感知社会态势、畅通沟通渠道、辅助科学决策。在这些方面，海南需要认真学习借鉴，跟跑、并跑、领跑“三跑”并行，力争“弯道超车”、后来居上。

伟大的事业需要优秀人才来支撑。在党中央的支持下，海南从国家部委、经济发达地区引进了一批优秀干部，也从海南本地干部中选拔了优秀干部赴国外、国内发达地区学习深造。海南省人民政府研究室副主任熊安静就是其中之一，他具有丰富的政府理论研究工作经验、强烈的以文资政情怀，2019年完成赴新加坡学习任务后，恰逢沈晓明省长提出要开展自由贸易港背景下提升政府治理能力的课题研究。他率领团队系统梳理、总结了新加坡政府治理体系和治理能力的历程、经验，并对海南未来的发展做了深入的思考，形成了积极的研究成果。相信这些研究成果对海南全面深化改革开放、加快探索建设自由贸易试验区（港）具有相应的参考价值。

是为序。

孙大海

中共海南省委副秘书长，省委全面深化改革委员

会办公室、省委自由贸易试验区（自由贸易港）工作委员会

办公室常务副主任，海南省人大常委会委员

对标新加坡
建设自贸港

前言

《诗经·小雅·鹤鸣》有云："他山之石，可以攻玉。"那么，"他山之玉"呢？是否可以为镜鉴或者蓝本？

习近平总书记2018年4月13日在庆祝海南建省办经济特区30周年大会上发表讲话，郑重宣布党中央支持海南逐步探索、稳步推进中国特色自由贸易港建设，分步骤、分阶段建立自由贸易港政策和制度体系。自由贸易港在中华人民共和国经济发展历程中是全新的事物，中国特色自由贸易港也没有完整范例可资遵循。无论是当前的新加坡、迪拜，还是历史上的汉堡港，抑或是近在咫尺的中国香港地区，这些曾经或者正在受到世界瞩目的自由港，都不会是中国特色自由贸易港可以照抄的模板，也不能轻言直接复制哪个地方的经验。新的时代背景下，海南要始终高举改革开放旗帜，努力成为全面深化改革开放的新标杆，形成更高层次改革开放新格局——毋庸置疑，中国特色自由贸易港将以世界最高标准、最高形态，规划和设计对外开放新模式，未来也必将会为经济全球化进程和全方位开放的国际经贸新格局贡献中国方案。

但是，在经济基础相对薄弱、营商环境不够优化的海南，探索建设中国特色自由贸易港，显然不能闭门造车、向壁虚构。我们必须以开放的心态和胸怀，集纳全世界的经济社会发展经验，去粗取精、去伪存真，萃取精华、为我所用。正所谓"知往而鉴今，酌外可御内"。那么，同处南海之滨的弹丸小国——新加坡无疑就是一个不错的学习对象。古人的碑帖曾有一句颇为励志的话："访他山之石，东西向逾万里。"而如今的海南并不需要跨越万里疆域，让我们不妨将视线投向2000千米外的这个小国大港……

200年前，英国公爵莱佛士在马六甲海峡新加坡港开埠，开启了资本主义制度下发展自由贸易与市场经济的航程。今天的新加坡，只有724平方千米的陆地国土，在世界地图或地球仪上，怎么看都只是一个容易被忽略的小红点，但这样的弹丸之地在全球经济和外贸格局中却不容小觑，用两代人的时间从第三世界上升到第一世界。数据显示：新加坡2018年实现GDP 3610亿美元，人均生产总值6.4万美元，进出口总额7822亿美元，以海南岛1/49的土地创造了相当于海南省4.9倍的地区生产总值、8倍的人均生产总值、63倍的进出口总额。

中国和新加坡两国传统文化相通、经济联系密切、政府间互动频繁。从2013年起，新加坡已连续7年成为中国吸引外资的最大来源国家。早在1978年11月，中国改革开放的总设计师邓小平首次访问新加坡时，就以其政治家独有的敏锐注意到这个城市型国家的不凡之处，提出要借鉴新加坡经验。1986年8月，甫一就任的习近平同志向厦门市委和市政府建议，组织抽调有关职能部门和研究机构精干人员，开始对探索实施自由港某些政策的研究。此后，习近平同志又亲自带队前往新加坡开展考察，回来以后说："我们要立足中国的实际、厦门的实际，不能全搬新加坡的模式，更不能搬用我国香港地区的模式，可以把它们作为重要参考。"在习近平同志的直接领导下，厦门立足于自身条件，提出实施自由港某些政策的具体构想，明确采取渐进式、经"三步走"，把厦门建设为"自由港型的经济特区"，这也是自1978年改革开放以来首次提出探索中国特色的自由港发展之路。而到2018年党中央赋予海南探索中国特色自由贸易港历史使命，无疑成为中国经济进一步融入全球经贸格局的新的里程碑。

加快探索建设海南自由贸易港进程，不仅是我国主动扩大开放的重大举措，也是党和国家面向国际社会所做出的庄严承诺。2018年4月10日，习近平总书记在博鳌亚洲论坛向全世界宣布："中国开放的大门不会关闭，只会越开越大……"紧接着，在4月13日发表的重要讲话中，习近平总书记明确提出党中央支持海南"逐步探索、稳步推进中国特色自由贸易港建设"。此后，习近平总书记连续五次做出指示要"加快探索建设海南中国特色自由贸易港"，分别是2018年11月5日举行的首届中国国际进口博览会开幕式、2018年12月17日纪念改革开放40周年大会、2018年12月18日中央经济工作会议、2019年4月26日举行的第二届"一带一路"国际合作高峰论坛开幕式、2019年6月的二十国集团领导人大阪峰会。无疑，这既体现了党和国家探索中国特色自由贸易港的坚定决心，又对海南全面深化改革开放进程提出了更紧迫、更高远的任务要求。

加快探索建设海南中国特色自由贸易港，海南省能不能向新加坡学习？应该向新加坡学习什么？带着这些问题，本书作者利用在新加坡游学、考察的机会，走进新加坡高校，访问当地政府机构、企业和社区；回国以后又挤出业余时间来广泛收集资料、充分研讨交流，对新加坡建设自由贸易港的历史和经验进行了全面梳理，得出的基本结论是：相比国际上的其他知名自由港而言，海南省更应该向新加坡学习。

首先，海南省和新加坡两地的地理位置均十分独特。打开世界航海图，我们会惊奇地发现，新加坡与海南岛分处在南海的南北两端。而南海是全球最繁忙的海上航线，是东亚、东南亚国家和地区的经济生命线，也是太平洋和印度洋之间的海上走廊。海南省与新加坡南北两地跨越整个南海的恢宏牵手，无疑将为全球贸易格局的演化及优化绘写壮丽篇章！

其次，海南省与新加坡有着天然联系。从自然条件看，两地基本无时差、无温差，气候条件相似。而更重要的是，新加坡自由港的重要建设、参与者，有相当多的是来自海南省的华人华侨：一代又一代的海南本岛先辈们从文昌、琼海等地出发，漂洋过海、闯荡南洋，为新加坡的拓荒、建设以及今天的繁荣作出了重要贡献。

最后，中国西部陆海贸易新通道战略，为海南依托洋浦港加入国际集装箱航线提供可能。2019 年 8 月，国家发展改革委印发了《西部陆海新通道总体规划》，从国家层面对推进西部陆海新通道建设进行部署，为海南深度参与并牵引国际贸易提供了条件。随着海南自由贸易港政策逐步落地，以洋浦为支点的北部湾港口群有望成为国际集装箱航线上的新靠点，将逐步形成以海南为海上核心支点、沟通印度洋和南太平洋的航运物流网络。

固然，中国特色自由贸易港不能照搬照抄新加坡自由港的整套模式，但在当前并不妨碍我们以“兼收并蓄”的“拿来主义”思维借鉴其成功经验。在面积 3.47 万平方千米的海南岛探索自由贸易港，面临着很多新的课题，而其中最为迫切的就是在全方位开放的自贸港框架下，如何形成“小政府 + 大市场”的行政管理体制，打造与国际接轨的法治化、便利化营商环境。从这个角度来说，海南最先采取的改革举措便是逐步构建扁平化、高效能、服务型的政府机构，甚至不妨用经营国际大都市的理念来建设海南自由贸易港。而新加坡在城市治理领域，足堪为海南省之名师。本书便着眼于对新加坡政府治理与城市治理的系统性梳理和借鉴性学习。

全书包括十八章，从借鉴与探索两个层面展开论述。前十七章主要是分类回顾、分析新加坡重大历史事件和重大决策的背景与实施过程，涉及内容有税收制度、产业转型、海关监管、总体规划、公共住宅计划、机场、地铁、市区重建和花园城市的建设、交通规划与管制、工业发展和商贸经济，以及淡马锡和法人机构等。从这些重大历史事件变迁中可以管窥新加坡国家治理与城市治理的价值取向——人本、活力、公正和法治四大价值追求，分别对应着国家发展的目标导向、动力机制、平衡和谐、秩序规范。而第十八章尝试构建中国特色自由贸易港未来“六个自由”与“三税原则”的制度框架，展望海南自由贸易港建设前景，并从九大方面提出策略性建议。

最后，真心希望此书能为广大读者提供一个了解新加坡的新视角，也希望本书能为中国特色自由贸易港探索进程中的政策决策提供可资借鉴的点滴经验。

李世杰

2019 年 10 月 20 日于东坡湖畔

目　录

对标新加坡
建设自贸港

第一章

拥抱世界的“创业沃土”

—— 新加坡产业政策及投资管制政策

新加坡建国之初，因为本国几乎没有什么产业，也不需要保护什么幼稚产业，所以实行世界上最宽松的外资准入政策。作为一个主权国家，除国防相关行业及个别特殊行业外，对外资的运作基本没有限制，并给予外资国民待遇。从 1959 年自治以来短短 60 年时间，新加坡在经济转型与产业升级方面取得了巨大成功，为全世界所关注。国际社会对新加坡的评价：用一代人的时间，从第三世界攀升到第一世界。

——在国际贸易中的地位举足轻重。新加坡建成辐射全球的国际分拨中心、采购配送中心、集拼中心，成为全球第二大集装箱集散中心、第二大航空中心、第三大炼油中心、第二大电子工业中心，以及全球最佳转运枢纽和新兴的世界贸易中心，全球每年能源、金属与矿产、农产品等大宗商品交易量的 15%、20%、20% 都发生在新加坡。

——人均旅游收入达到国际一流水平。新加坡旅游业做好无中生有、有中生优的文章，先后对全球 196 个国家或地区中的 170 个实行旅游免签证政策，已成为国际购物中心、国际会议中心、国际教育中心、国际医疗保健中心、国际医药中心、国际娱乐中心。2018 年新加坡接待国际游客 1800 万人次，人均旅游消费收入近 1400 美元，和美国拉斯维加斯等高旅游收入地区相当，尽管陆地面积不到海南的 1/49，但人均旅游收入是海南的 6 倍。

——亚洲新兴的金融中心。新加坡吸引了 26000 多家国际公司注册和运作，其中的 4200 家是跨国企业的区域总部，成为亚洲美元结算中心、第三大外汇交易中心、第三大金融中心，超过瑞士成为全球最大的金融理财中心。

——综合实力全球领先。新加坡 1965 年建国至今仅 50 多年，从一个没有资源、没有产业、生存迷惘、被迫独立的民寡小岛，发展成为人均 GDP 近 7 万美元的第一世界富有国家；从单一的自贸港，发展成为通向亚洲重要市场的开放门户。新加坡在世界各经济体竞争力排名中名列第一、在全球经商最便利国家或地区排名第一、在全球最廉洁国家中排名第三。

一、新加坡经济发展的历程

新加坡在20世纪60年代的时候还很穷，当时主要的产业是成衣服装。到了70年代，新加坡政府开始认识到本国需要产业升级，提出要通过技术人才集聚来吸引跨国公司。初期因为本国技术基础弱，所以多采取与跨国公司合作方式：跨国公司负责培训，新加坡主要提供土地和建筑、机械和设备，以及营运的成本和人员的工资，然后给跨国公司一些税务方面的优惠。跨国公司为新加坡培训了专家和技术工人，提供了系统、教材、资料等。这一时期的合作使新加坡开始从只能生产成衣服装等产品转变到生产光学仪器和精密仪器等技术密集型产品。

20世纪80年代，新加坡开始大量引进高科技产业，如机械化、自动化程度高的计算机产业等，这需要一些更专业的技能和知识。于是在1979—1982年，新加坡经济发展局和其他国家联合设立了3所技术学院。近年来，新加坡在生物科学产业升级创新方面做了很多工作，成立了部长级的委员会，一般是由副总理任主席；教育部部长、卫生部部长、贸工部部长组成一个部级委员会，然后成立一个执行委员会；更重要的是还成立了一个国际咨询委员会，国际咨询委员会主席由国际上在生物科学领域获得诺贝尔奖的、有杰出成就的人担任。新加坡在具体执行方面实施了人才资本战略、专利资本战略、道德伦理框架等推动国防技术的民用化和商业化措施。

根据新加坡政府公布的2010年长期战略发展计划，电子、石油化工、生命科学、工程、物流等9个行业被列为奖励投资领域。

二、对外国投资禁止或限制的行业

（一）广播

根据广播法令，未经媒体发展管理局（“媒体局”）授予广播执照，任何人不得在或从新加坡提供任何受许可的广播服务，除非媒体局另行批准。如果公司中任何外方持有或控制不少于公司或其控股公司49%的股权或表决权，或者对公司或其控股公司进行督导、控制或管理的所有或多数人由任何外方任命或习惯于按照任何外方的指示行事，则该类公司不得被授予或持有广播执照。

（二）印刷媒体

在报业和印刷法令下，仅有报业公司方可在新加坡出版报刊。在每个报业公司中，所有董事均为新加坡人，且有 2 个类别的股份，分别为管理股和普通股。管理股仅可向由媒体局授予书面批准的新加坡公民或公司发行或转让。

（三）法律服务

外国律师事务所不允许雇用有新加坡执业资格的律师或通过某些类别的注册律师，提供与新加坡法律相关、超出国际商业仲裁范围或有关新加坡国际商业法庭的法律服务。作为获得合格法律执业执照的外国律师事务所，则被允许在或从新加坡提供合格外国律师事务所有能力提供的所有法律执业领域中与外国法律相关的法律服务，以及在所有法律领域与新加坡法律相关的法律服务；不过当地的诉讼和一般性执业除外，例如通过有新加坡执业资格的律师或拥有外国执业证书的外国律师提供零售转让、家事法及行政法的服务。

（四）住宅房地产

依据住宅房地产法令，未经新加坡土地管理局土地交易审批部门批准，外国人不能购买某些受限制的住宅房地产；这类受限制的住宅房地产包括空置住宅用地、有地住宅房地产、不是规划法令下经批准的公寓开发的分层有地住宅和店屋（非商业用途）、协会场所、礼拜的场所及未在酒店业法令规定下登记的工人宿舍或服务公寓或寄宿公寓。

尽管如此，新加坡住宅房地产法令第 31 条允许住房开发商向住房管理署申请收购住宅房地产进行住房开发的资格证书。但是，住房管理署签发的资格证书将要求住房开发商在该住房开发项目内的单位竣工之日起两年内售出全部单位。

三、在新加坡投资方式有关规定

对外资进入新加坡的方式无限制。给予外国个人投资国民待遇，外国自然人依照法律，可申请设立独资企业或合伙企业。对外资在并购、收购方面无限制。除银行、金融、保险、证券等特殊领域需向主管部门报备外，绝大多数产业领域对外资的股权比例等无限制性措施。

外国投资者可以通过以下形式在新加坡开展业务活动：公司、分公司、代表处、合伙、有限合伙、有限责任合伙、独资经营。所有上述企业结构必须在会计与企业管制局（ACRA）注册，并符合以下要求：

（1）如果是公司，必须至少委任一名新加坡普通居民为董事；

（2）如果是分公司，必须至少委任一名新加坡普通居民为授权代表；

（3）如果是独资经营或合伙，当外国投资者一直居住在新加坡境外，必须至少委任一名新加坡普通居民为授权代表。

在新加坡法律中，没有禁止外国投资者在新加坡开展建筑项目的特别法规。但是，在建筑物管制法令下，未持有一般承建商许可证或特殊承建商许可证的人不得在新加坡开展一般或特殊建筑施工。在新加坡的建筑公司中，虽然对外国股权没有限制，但申请一般承建商许可证或特殊承建商许可证的条件之一是申请许可证的公司必须在新加坡成立。

兼并和收购所有在新加坡成立、注册或开展业务的公司必须遵守合同法、公司法令及其附属法规的原则。此外，上市公司、商业信托及房地产投资信托（“REITs”）还必须遵守证券和期货法令及新加坡收购和兼并守则的相关规则，及其上市的相关证券交易所的规则（如新交所的全部规则）。当企业进行兼并和收购交易时，也应考虑竞争法令——该法令禁止意图或实际在新加坡防止、限制或扭曲市场竞争的协议，构成在新加坡国内市场滥用支配地位的行为以及导致或预期可能导致大幅度减少新加坡任何商品或服务市场竞争的公司并购行为。

关于公司兼并和收购的主要手续及操作流程通常来说没有固定的格式与要求。但是，在公司法令下进行的兼并和收购方案应按照新加坡公司法令规定的程序进行。此外，相关法令规则也规定了涉及上市公司、商业信托和 REITs 收购的某些程序。

四、打造一流的营商环境

世界银行发布的《2019 年营商环境报告》显示，新加坡在 190 多个国家地区中排名第二。新加坡重商亲商，把投资者当客户、当上帝看，当伙伴、当兄弟看，竭尽所能高标准打造让投资者满意的政府服务和营商环境。比如，新加坡海关把辅助贸易发展作为部门的主要职责，主动关心企业需求，每个企业在海关都有对口的官员，这名官员的角色类似银行的“客户经理”。调查显示，98% 的企业对海关服务“满意”，79% 的企业对海关服务“非常满意”。新加坡贸工部下设企业发展局，专门负责为企业提供发展津贴，辅导企业拓展海外市场，仅在 2018 年就服务企业 76000 家。贸工部设立了“亲企业”网站，定期进行“亲企业”政府机构评比。

新加坡的法律执行非常严格。一是立法具体严密。新加坡立法内容涉及社会生活的各个方面，社会主体的行为模式在现行法律法规中均有相应依据，凡是需要控制的行为，法律法规都规定了具体而严密的规定。据不完全统计，新加坡现行的法律、法规达 400 多种，大到政府体制、政府权力的运用以及公民与国家的关系、经济生活的管理，小到旅店管理、停车规则、公共卫生等公民生活的各个方面皆有法可依、有章可循。二是执法公正严明。有法不依，比无法可依危害更大。新加坡除对罪大恶极者处以死刑或终身监禁外，还有“鞭刑”制度。保留传统的鞭刑与大量采用罚款形式是新加坡严格执法中颇具特色的做法。三是建立失信约束惩罚机制。新加坡建立了比较完备的失信约束惩罚机制。比如，对欠债不还者，债权人可以申请法庭判债务人入“穷籍”，这与判处刑罚不一样，实际上是法庭判予的一种资格、身份，类似于判决“个人信用破产”。被判入“穷籍”者依法不得出国旅游度假，不得出入高级享乐场所，不得拥有如汽车等一定档次的消费品，更无法开办实业、申请贷款、取得担保等。总之，他们不能享受许多公民可以享受的正常生活，只能在贫困线上挣扎。这种惩罚措施对诚信社会建设和法治社会建设功不可没，对新加坡自由港建设更是起到保驾护航的重要作用。

第二章

最方便快捷的转运枢纽

——新加坡货物通关监管政策

新加坡自身市场容量很小，而自由贸易港需要大流量的经济活动作为支撑。在这方面，新加坡形成了有利于货物快速流动并监管有效的货物通关监管政策体系，奠定了其通往亚洲重要市场开放门户的地位。

一、新加坡进出口及转口海关监管规定

新加坡《海关法》规定，进口商品分为应税货物和非应税货物，应税货物仅包括烟、酒、石油和机动车等 4 类商品，其他所有商品均为非应税货物。所有商品进口到新加坡要缴纳 7% 的消费税，应税货物除缴纳消费税外，还需缴纳国内货物税和关税。进入新加坡境内的国外货物，90% 以上会再次转运出口。

新加坡共有 3 个自由贸易园区管理运营机构——新加坡港务集团有限公司（PSA）、裕廊海港私人有限公司、樟宜机场集团（CAG），前两个集团所管理的自由贸易园区在港口码头附近，而樟宜机场集团管理着机场航站楼附近的自由贸易园区。目前新加坡拥有 8 个自由贸易区、30 多个享有关税减免权的工业区和 70 余座保税仓库。

新加坡的自由贸易园区均以围墙等方式加以封闭，未经海关部门准许，任何人不得擅自进入或居住其内。所有货物可以在自由贸易区内储存、加工、包装和转运，无须缴纳任何关税和消费税，只有货物离开自由贸易区进入关境时，才会被征税。在自由贸易区内，烟、酒类产品只可以储存于经政府认可并取得牌照的仓库。进入自由贸易区的货物需事先向新加坡海关申请许可证。虽然免税，但进出自由贸易区的货物应遵守新加坡的卫生、安全、检验检疫等相关规定，并交纳一定的费用，如货物搬运费、仓储费等。对于在自由贸易园区内中转的国际集装箱，码头可以根据船务公司的要求变更承运的二程船，只需向新加坡海关报备，增加了集装箱中转的灵活性和便利性。

保税仓库只有得到新加坡海关的授权才能建立，通过物理界线与外界隔离，为封闭的物理区域。当把货物从自由贸易园区转运到保税仓库储存时，暂时不征收消费税。只有当货物离开保税区进入国内市场时，才会征收消费税。保税

仓库由业主或服务仓库的运营商管理，负责安全问题和对存储货物进行适当的控制。此外，新加坡还有一种特许仓库区，用来存储征税货物（即酒类、烟草制品、汽车和石油产品）。

在仓库和办公室设施方面，樟宜机场集团主要是扮演着“房东”的角色，将建好的仓库、办公室租给机场自由贸易园区内的200多家货运代理商；但是，在有些情况下，樟宜机场集团是“地主”，将土地租赁给使用者，比如，FedEx就直接向樟宜机场集团租用土地建设自己的仓库和办公楼——“FedEx航空货运快递中心”。机场物流园允许物流企业和制造商提供增值服务，可以进行一些非深度的加工，例如，对时间要求高的产品可以在园内进行配置、部件组装、返回修理、供应商库存管理，因为在运输和海关文件方面的节省，第三方物流服务提供商能够进行快速补充完成增值。机场物流园的面积不大，约26公顷，开车穿过这个物流园只需要十多分钟。物流园于2003年建成后，20个地段分别通过招标等方式吸引运输商、物流企业入驻，2006年，这个小型的物流园获得了亚洲物流奖。

在机场物流园的出口有一条道路直接通向樟宜空运中心，樟宜空运中心的入口处同样也有一个空运中心海关检查站。樟宜空运中心的面积比机场物流园大，约有47公顷，在1981年樟宜机场开始运营时，樟宜空运中心就建成了。与机场物流园不同的是，樟宜空运中心内一般只是对货物进行简单的分类、包装、重组。

从概念上看，自由港可以是有明确边界的港口，或者整个港口，或者包括港口所在的城市。一些国家或地区设置自由港的主要目的是吸引外资，发展加工工业和仓储业，促进对外贸易和转口贸易发展，创造就业机会，繁荣地区经济。自由港又分为完全自由港和有限自由港。新加坡自由港类似于有限自由港，对于原油类转口贸易是免关税的，但烟酒类管控物品的税额很高且国内没有相关产业。新加坡自由港制度最大限度适应国际贸易灵活性要求，有利于港口向综合性、多功能方向发展，使港口成为外向型经济中心。同时，自由港的设立，有利于促进新加坡参与经济全球化的产业链分工——这种分工模式，使拥有不同资源禀赋的国家和地区，最大限度和最低成本地实现物流、人流和资金流的集聚和运动，从而加快经济的发展，更好地满足人类社会发展需要。

新加坡在樟宜机场旁的免税区设立了完全自由港，占地约3万平方米，设有顶级保安措施，全天候营业，专供非新加坡籍租户存放贵重物品，如艺术品、珠宝、古董、老爷车等，无须缴税或填写入关文件，从而为全球超级富豪提供了一个安全、私密的“藏宝”地点。由于其制定了比瑞士还严格的财产保密措施，租用者无须担心财产遭人查核。目前该区域的98%的场地已被租用。但是这种完全自由放任的管理模式也导致了洗钱、逃税等衍生问题。

二、新加坡通关便利化措施

新加坡构筑了体系化的国际航运中心信息平台，主要包括单一窗口系统Trade Net、港口网Port Net和码头作业系统，另外还有海事网、空运社群网等电子政务平台。

20世纪80年代后期，为应对贸易增长乏力，提高便利化水平，新加坡宣布实施“国家贸易网络开发计划”，由政府投资组建SNS公司（现更名为Crimson Logic），负责系统平台的开发、运行和维护。1989年1月1日，公司正式投入运行，最初只涉及免税业务及免检产品的贸易，此后扩展至包括监管产品、应税产品和需提交原产地证明的所有货物贸易。目前该系统一面连接新加坡35个与国际贸易相关的政府部门，包括关税局、港务局、卫生部、人力部、环保局、国防部、警察部队、粮农兽医局、缉毒局、卫生科学局、资讯通信管理局、国际企业发展局、媒体发展局等（这些政府部门对特定进出口贸易均负有监管职责，有各自的规范和要求）；另一面连接作为系统使用者的各申请方，包括进出口贸易企业、转口企业、货运代理等国际贸易实际经营者。

申请方首先需在平台上免费注册一个账号，用以提交电子申请时作企业识别，同时将银行账户与此账号关联，日后申请获批时将自动从银行账户扣除相关费用。

申请进出口许可、原产地证明及进行海关申报时，申请方在平台上填写一份电子表格，发送至系统。系统收到电子申请后，传送给海关和其他机构等待处理。该系统自动生成一个申请记录以便申请方随时查询申报处理进度，如申报被接受、拒绝或者正在处理。如果申报有问题，例如填写错误、商品编码错误等，申请方可以修改电子申请表格并重新提交。

对于非监管免税货物，申请方一般在一分钟之内就会收到批准许可信息，系统自动发给该份申请一个许可号码，申请方据此打印货物通关许可，用以办理货物进出口或转口手续。

对于监管货物（如武器弹药、食品、药品等）、应税货物（如酒精饮料、烟草产品、汽车、石油产品等）以及需提交原产地证明的货物，如获批准，申请方一般会在十分钟之内收到许可号码，用以打印进出口许可证/原产地证明书。

如申请未获批准，申请方也会在大约相同时间内收到反馈并被告知未获批准的原因，申请方可修改申请后重新提交或向相关政府机构咨询、申诉。

在电子申请获得批准许可的同时，此份电子申请应缴纳的法定费用、信息处理服务费以及关税（如果有），自动从申请方关联的银行账户中以电子转账方式扣除。

通过对政府部门要求申请方申报数据的简化和标准化，消除了各部门专用数据、专用表格对贸易效率的阻碍，达到了建立国家贸易单一窗口的目的。

港口连接相关政府职能部门、船舶公司或其代理行、货主集装箱中转站和卡车运输业等，使港口用户获得船只进出港信息、舱位安排、货物在港所处的状态、预订舱位、指定泊位、起重机布置、集装箱实时跟踪等信息。每天 24 小时服务，减少客户提交单据后的等待时间。

码头作业系统则是整合、规划和管理货柜码头所有的货柜作业，在此系统下，通过全程自动化无纸作业，集装箱通过港区大门通道只需 25 秒。

提供货物电子通关服务的是新加坡国际电子贸易私人有限公司（GeTS），1988 年 3 月成立于新加坡，全球共有 800 名员工，电子政务服务包括单一窗口、电子司法、商业登记、国民身份登记等，股东为新加坡港务集团、新加坡企业发展局。服务项目：一是数字政府，包括商业服务（商业登记、许可）、市政服务（国民身份证与登记、市政服务）、机构间服务（政府数据交换）；二是司法，包括法院（电子归档、案件管理）、司法惯例（惯例管理、电子司法）；三是文档安全（可视化文档案例、数字文档安全）；四是国际贸易便利化（单一窗口、海关管理系统、原产地证、贸易可视化、自贸区、自由贸易协定、港口社区系统、全球互联互通）。在数据及文档智能转换方面，主要运用区块链技术；咨询、分析及风险管理方向，主要运用机器学习技术。连接了全球 26 个关贸接口、17.5 万个电子贸易接点、4000 多个贸易代理商，形成年 8000 亿新元贸易额、1800 万新元平台交易量。中国大陆已经接入的有上海、苏州、天津、福建、广西。真正做到了可信、无缝对接。

三、新加坡检验检疫制度

新加坡对进口商品检验检疫的标准和程序十分严格。负责进口食品、动植物检验检疫的部门是农粮与兽医局（Agri-Food and Veterinary Authority of Singapore，AVA），负责进口药品、化妆品等商品检验的部门是卫生科学局。

（一）农产品和食品检验

农产品和食品的进口商须向 AVA 申请执照，只有获得 AVA 进口执照的贸易商才能在新加坡从事农产品和食品进口业务。AVA 有一套完整的食品安全计划，对肉、鱼、新鲜水果和蔬菜、蛋、加工食品等商品的进口来源、包装运输、检验程序、检验标准有不同的要求和详尽的规定。

（二）动物检疫

在新加坡，只有获得 AVA 执照的进口商才可以在新加坡从事商业用途的动物进口。每次进口动物须向 AVA 申请许可，并提前获得海关清关许可。所有进口动物需符合 AVA 的兽医标准。

（三）植物检疫

进口植物及植物产品需出示原产国有关机构签发的植物检疫证书并获得 AVA 的进口许可。所有进口植物及植物产品必须符合 AVA 规定的健康标准，除另有规定外，植物及植物产品进口后必须接受 AVA 检查。受《华盛顿公约》（the Convention on International Trade in Endangered Species of Wild Fauna and Flora，CITES）保护的濒临绝种植物，必须备有 CITES 的许可证方可进口。

（四）药品、化妆品检验

根据《药品法》《有毒物质法》《滥用药物法令》，新加坡国内所有从事药品进口、批发、零售以及出口的经营者需向新加坡卫生科学局（Health Sciences Authority，HSA）取得相关许可方可开展业务。进口药品和化妆品前，需向 HSA 如实申报其成分、疗效等相关信息，获得批准后方可进口。HSA 对进口相关产品进行抽检，一旦与申报不符，即取消其经营相关产品的资格。

第三章

全球财富的“避税天堂”

—— 新加坡税制及税收优惠政策

一个国家或地区发展经济最重要的因素是什么？资源、市场、人才？如果是这些，新加坡几乎是一无所有的，国土面积只有724平方千米，本国人口只有区区几百万人，既没有贵金属、石油等稀有矿产，也没有大片耕地、林地，甚至连满足基本生存需求的淡水也主要靠邻国马来西亚跨海输送。但新加坡却吸引了26000家外国企业落户，其中4200家是跨国企业的区域总部。这些来自欧洲、美洲、亚洲的大公司为什么会放弃自己熟悉的环境而不远万里在新加坡聚集？答案可能很多，但其中一个重要原因就是新加坡实施了在其他地区没有的基于自贸港政策制度体系的“零关税、简税制、低税率”政策。

一、新加坡税制

（一）企业所得税

新加坡的企业所得税率为17%。新加坡实行属地兼属人税收管辖原则，不对资本利得征税，同一集团内的企业可以合并纳税，亏损弥补可无限期向后结转或向前结转一年。按新税则，在2019课税年及以前，应纳税收入的前10万新元部分享受75%税收减免，10万～29万新元部分享受50%税收减免；2020课税年后，前10万新元部分享受75%税收减免，10万～19万新元部分享受50%税收减免。

新加坡初创型企业前三课税年享受企业所得税优惠政策。2019课税年及以前，初创企业前三课税年应纳税收入前10万新元部分享受税收免除，10万～30万新元部分享受50%税收减免。2020课税年及以后，初创企业前三课税年应纳税收入前10万新元部分享受75%税收减免，10万～20万新元部分享受50%税收减免。

为提供宽松商业环境、支持企业转型，新加坡实行企业所得税返税措施。2019课税年，所有企业均可获得20%的企业所得税返税，但总额不超过1万新元。

新加坡重视利用税收优惠政策优化产业结构，包括高新技术企业符合规定的利润可享受至多15年的免征企业所得税待遇，总部企业在特定时期内可分别享受免税、5%或10%的优惠税率，经核准的新加坡境内的FSI（金融部门激励计划）企业，可享受5%、10%、12%或13.5%的优惠税率，等等。

（二）个人所得税

新加坡的个人所得税起征点为2万新元，实行累进税率制度，上限为22%，年收入32万新元及以上执行最高22%的个人所得税税率，总收入2万新元内不用纳税。纳税人有权就子女抚养费、赡养费、捐款、人寿保险、进修课程费、外国女佣税等事项享受减免。

（三）国内货物税

新加坡的国内货物税目前仅针对烟、酒、机动车辆、汽车燃料征收。

（四）关税

新加坡的关税的征税范围包括：蛋品、糖、烟叶、蜂蜜、面包、饼干、糕点、香烟、酒、石油、服装、冰箱、汽车、家具、人造珠宝、朱古力糖等10多种，共243个项目。海关征收关税的原则为：凡进口产品，只就在新加坡国内使用的部分征税，不在新加坡国内使用或转口部分不征税；凡出口产品均不征关税。

（五）消费税

新加坡的消费税（GST）是对新加坡进口商品（由新加坡海关征收）以及新加坡的几乎所有商品和服务征收的广基税。在其他国家，消费税被称为增值税或VAT。新加坡现行消费税率是7%和0%两档，另有消费税豁免和不适用类型。

大部分本地商品和服务销售适用标准税率，消费税为7%；出口商品和服务被归为国际服务，消费税为0%；出售和租赁无家具的住宅物业、进口和本地供应贵重金属的投资、金融服务豁免消费税；商品在海外进行销售、私人交易等不适用消费税。

根据新加坡政府发展计划，在2021年至2025年之间，消费税率将临时从7%提高到9%。

（六）房地产税

新加坡的房地产税对所有房产、土地、建筑物征收（无论是自住、出租或空置），按照年度价值（年租金收入评估值）计征。住宅（屋主自居房地产）实行0~16%的累进税率；住宅（非屋主自居房地产）实行10%~20%的累进税率。商业和工业地产及土地实行10%税率。

（七）印花税

新加坡的印花税是对不动产转让、股票和股份转让及抵押的法律文书征收的税项。

购买或获得股票及股份，需要按买入价或股票价值的0.2%缴纳印花税，缴纳方通常由交易或抵押合同规定，如无合同条款规定，则按《印花税法令》规定，股票交易转让由获得方支付，股票抵押由抵押方支付。对股票、股份进行抵押时需要缴纳印花税，根据不同情形按抵押价值实行0.2%或0.4%的税率，但总额不超过500新元。

买卖、赠送、出租、转让或按揭不动产需要缴纳印花税。主要分为买方印花税、卖方印花税、额外买方印花税。购买或获得不动产需要缴纳买方印花税，基于不动产买入价或不动产市值按累进税率征收。对于住宅不动产，前18万新元实行1%税率，再18万新元实行2%税率，再64万新元实行3%税率，剩余金额实行4%税率。对于非住宅不动产，前18万新元实行1%税率，再18万新元实行2%税率，剩余金额实行3%税率。

出售或转让住宅、工业地产和土地需要缴纳卖方印花税，基于不动产买入价或不动产市值孰高者按累进税率征收。对于住宅不动产，根据持有年限和房龄等不同，按照房产价值实行0%~16%不等的递进税率，但只要持有住宅4年以上则免征，并另有多项豁免情形。对于工业地产和土地，2013年1月12日后购入、改变用途、重新规划的，持有1年及以内实行15%税率、持有1~2年（含）实行10%税率、持有2~3年（含）实行5%税率，持有超过3年免征。

在新加坡购买住宅，买方需要额外缴纳印花税。新加坡公民购买第一套住宅不收印花税，购买第二套住宅实行12%税率，购买第三套及更多时实行15%

税率；新加坡永久居民购买第一套住宅实行 5% 税率，第二套及更多时按 12% 征收印花税；外国人新购买住宅，实行 20% 税率；非个人主体购买住宅包括土地，实行 25% 额外印花税率，同时房地产开发商需要再额外缴纳 5% 印花税。

在新加坡租赁不动产需要缴纳租赁印花税。年平均租金总额不高于 1000 新元免征；年平均租金总额高于 1000 新元、租期不超过 4 年的，按租金总额的 0.4% 征收；年平均租金总额高于 1000 新元、租期超过 4 年的按年平均租金的 0.4% 的 4 倍征收。

（八）预扣税

新加坡预扣税也被称为纳税扣除，是对非居民和非本地公司征收的税种。只要是非居民和非本地公司在新加坡就业或进行企业活动，从居民和本地公司那里获得回报，当中部分数额将会被扣除当作预扣税。此类税务只会针对非居民和非本地公司，不会向居民和本地公司征收。预扣税率取决于支付款项的种类和支付的对象，付给非居民企业的管理费、技术及其他服务费税率为 17%，付给非本地居民专业人士的费用预扣税为支付款项总额的 20%，计时租金、计次轮船租用费以及空船出租费用税率为 1% ~3%，其他付款（利息、专利费、佣金等）税率为 10% 或 15%。

（九）私人彩票税

在新加坡，当俱乐部或其他社会组织从事彩票或其他博彩活动时，需要缴纳私人彩票税。水果机等税率为营业额的 9.5%；其他类型博彩活动税率为销售额的 30%。

（十）博彩税

在新加坡参与赌博、博彩活动获得收益需要缴纳博彩税。赌马、体彩等博彩活动税率为净收益的 25%；其他博彩活动税率为净收益的 30%。

（十一）赌场税

在新加坡赌场的赌博总收入（赌博净收入减消费税）需要缴纳赌场税，目前新加坡有金沙赌场和圣淘沙名胜赌场两家赌场。赌场从会员玩家（预付值高于10万新元的赌博玩家）获得赌博总收入税率为5%，其他赌博收入的税率为15%。

（十二）船舶年吨位税

根据净吨位征收，设上下限，税率为0.2新元/吨，最低金额为100新元（不高于500吨按100新元征收），最高金额5万新元（高于5万吨按5万新元征收）。

（十三）外劳税

在新加坡雇用外籍劳工需要缴纳外劳税，包括女佣及其他类型外籍劳工税，按人头征收。雇用首名女佣的税收金额为每月300新元，雇用第二位及以上女佣的税收金额为每人每月450新元。外籍劳工税按从事建筑业、服务业、海事业、加工业、服务业的不同以及劳工来源国、工作经验等的不同实行差别税率，金额为每人每月250~950新元不等。

二、新加坡税收优惠政策

（一）先锋企业优惠

有先锋企业（包括制造业和服务业）称号的公司，自生产之日起，其从事先锋活动取得的所得可享受免征5年公司所得税的优惠待遇，或享受最低为5%~10%的公司所得税率，到期视企业情况可申请延期。先锋企业由新加坡经济发展局界定。通常情况下，从事新加坡目前还未大规模开展而且经济发展需要的生产或服务的企业，或从事具有良好发展前景的生产或服务的企业，运用的技术等在新加坡处于领先地位、以新加坡为全球或区域总部的企业，可以申请“先锋企业”资格。

（二）发展与扩展优惠计划

享有该计划的企业符合条件的收入可享受免征5年公司所得税的优惠待遇，或享受最低为5%~10%的公司所得税率，到期视企业情况可申请延期。此项政策主要是为了鼓励企业不断在高新技术和高附加值领域增加投资并提升设备和营运水平。曾享受过先锋企业奖励的企业以及其他符合条件的企业均可申请享受此项优惠。

（三）投资抵免

按规定，2021年4月前，新加坡境内符合要求的投资项目，其资本性支出成本可在不短于5年（特殊项目可长达8年）的期限内按照高达100%比例抵扣有关所得税的应纳税所得，单个项目可用于抵税的支出上限为1000万新元。

（四）金融与资金管理中心税务优惠

由新加坡经济发展局审批，旨在鼓励企业在新加坡设立金融与资金管理中心（Finance Treasury Center，FTC），并鼓励企业提高资金管理能力，立足新加坡开展战略金融和资金管理业务。符合条件企业的资金管理所产生的收费、利息、股息等收益享受5～10年减至8%的优惠税率；偿还给银行及受承认网络公司（供FTC活动用途）贷款的利息付款可豁免预扣税。

（五）土地集约化免税额计划

由新加坡经济发展局审批，土地集约化免税额计划（LIA）旨在促进工业用地集约化，提高土地利用效率，从事高附加值活动。按合格建筑物或构建物施工、改建或扩建的合格资本支出，为企业提供初期25%免减税额，以及其后每年5%免减税额度。

（六）飞机租赁计划

由新加坡经济发展局审批，飞机租赁计划（ALS）旨在鼓励企业发展飞机租赁业务，促进新加坡飞机租赁业的发展。对租赁飞机或飞机发动机和合格辅助活动的所得收入实行8%的优惠税率；对为购买飞机或飞机发动机而获得的贷款的利息和符合条件的相关付款免征预扣税。优惠期间为5年，期满可依企业提交的租赁计划申请延长。

（七）金融部门激励计划

由新加坡金融管理局审批，该项计划旨在鼓励新加坡境内高增长和高附加值的金融业务的发展。来自债券市场、衍生品市场、股票市场和信贷联合企业的服务和交易等高增长高附加值业务的收入可以按5%征税，财务活动的范围将有资格获得12%的税率。税收激励期可能持续5年、7年或10年，但须符合某些条件。

（八）区域或国际总部计划

由新加坡经济发展局审批，该项计划旨在鼓励更多企业在新加坡设立区域或国际总部。区域总部设在新加坡的企业可享受15%的企业所得税优惠税率，期限为3～5年。国际总部设在新加坡的公司可享受0%～10%的企业所得税优惠税率，期限为5～20年。具体优惠企业可与新加坡企业发展局（EBD）进行商谈，企业发展局可根据公司规模和对新加坡贡献为企业量身定制优惠配套方案。

（九）服务出口企业奖励

从政府规定之日起，向非新加坡居民或在新加坡没有常设机构的公司或个人提供与海外项目有关的符合条件的服务的公司，其符合条件的服务收入的90%可享受10年的免征所得税待遇，最长可延长到20年。

（十）国际船运企业优惠

海事部门激励计划（MSI）：船舶运营者、船舶租赁商和航运配套服务的提供者可依据MSI享受相应税收优惠。该计划包括国际船舶企业、海运（船只或集装箱）出租者、航运配套服务三大类。税收优惠包括税收减免、5%或10%的优惠税率。

拥有或运营国际船队的船舶企业可申请MSI核准国际船舶企业（MSI-AIS）奖励。申请通过者将依据其运营规模获得MSI-AIS资格或MSI-AIS（初级）资格。依据该计划，在公海定期航行的挂有非新加坡旗帜的船队所获得的所得及其他符合条件的所得免于征税。MSI-AIS资格期为10年，可延期，总期限最长不得超过40年，而MSI-AIS（初级）资格期为5年且不可延期，但满足相应条件即可升级为MSI-AIS资格。MSI-AIS（初级）资格的申请期为2011年6月1日至2021年5月31日。

依据MSI海上（船舶）租赁奖励，经核准的船舶投资企业（新加坡境内注册建立的船舶租赁公司、海运基金、商业信托及合伙制企业）取得符合规定的所得（包括向符合条件的个人或法人包租或融资租赁在新加坡港界外使用的远洋船只）可享受免税待遇。此外，经核准的船舶投资即由经营核准的船舶投资企业获得的所得及从事其他规定的服务或经营活动取得的所得，可享受 10% 的优惠税率，申请期为 2011 年 3 月 1 日至 2021 年 5 月 31 日，申请通过者可享受 5 年的优惠待遇。

依据 MSI 海上（集装箱）租赁奖励，经核准的集装箱投资企业（新加坡境内注册建立的公司、商业信托及合伙制企业）符合条件的所得（包括包租或融资租赁用于国际货物运输的集装箱所取得的所得）可享受 5% 或 10% 的优惠税率。此外，经核准的集装箱投资即由经营核准的集装箱投资企业获得的所得及从事其他规定的服务或经营活动取得的所得，可享受 10% 的优惠税率，申请期为 2011 年 3 月 1 日至 2021 年 5 月 31 日，申请通过者可享受 5 年的优惠待遇。

MSI 航运配套服务（MSI-SSS）旨在鼓励新加坡境内辅助运输服务的提供并鼓励航运集团将其服务职能设在新加坡。经核准的 MSI-SSS 企业因提供经核准的航运配套服务（如船舶经纪、远期运费协议交易、船舶经营、船舶中介、货运代理及物流服务）所取得的增值额可享受 10% 的优惠税率。申请期为 2011 年 6 月 1 日至 2021 年 5 月 31 日，申请通过者可获得为期 5 年的 MSI-SSS 待遇。

（十一）全球贸易商计划

为鼓励全球贸易商在新加坡开展国际贸易业务，对政府批准的“全球贸易商”给予 5～10 年的企业所得税优惠，税率降低为 5% 或 10%。此项优惠项目由新加坡国际企业发展局（IES）负责评估。

（十二）起步公司税收优惠计划

新加坡企业发展局推出了起步公司税收优惠计划。新成立的公司享有减免税，在成立后的首三个纳税年度，新公司最先赚取的应纳税的 30 万新元可免税。

三、新加坡税制发展历程

新加坡内陆税收局（通常简称为税务局），是隶属于新加坡财政部的政府法定机构，1992 年 9 月 1 日，新加坡内陆税收局正式立法成立，主要负责征税、提供税务管理服务，为政府提供咨询，同时在国际上能代表新加坡的税务事项。

1947 年，新加坡所得税部门成立，职责为管理在同一年开始的“所得税条例”。然而，实际评税在 1948 年 11 月才开始，在第一个课税年度，所得税部门收到约 4 万份个人报税，以及 1000 份公司报税，总税收收入达 3320 万新元，税务局征收的税务占了新加坡政府营运收入的 70%。

1959 年，新加坡开始完全自治，1960 年内陆税收部成立，当时是由多个独立机构管理和汇集各种收入，征收的主要税种包括所得税、印花税、遗产税、博彩税等。

1961 年，新加坡签订了第一份避免双重征税协议，同时内陆税收部开始研究制定房地产税。

1965 年，新加坡独立，所得税法令出现了实质性改变，并在 1966 年 1 月 1 日起生效。同年，新加坡正式开征房地产税。

20 世纪 60 年代末至 70 年代末，新加坡确立了发展劳动密集型产业的阶段性目标，大力发展制造业，并施行了一系列出口导向型经济政策。1967 年，新加坡出台《经济发展激励法案》，为出口制造业提供财政及税收鼓励，例如为产业扩张所带来的某些增量收入、外资和技术转让等提供税收减免。首次给予以出口为主的工业税收优惠，对中间产品、机器、原材料等免税。进口配额商品由 1965 年 8 月的 88 种降低到 1969 年的 26 种。到 1970 年，新加坡内陆税收部征税可依据的法律法令达到 12 部。

总体来看，20 世纪 80 年代以前，新加坡经济仍主要依赖转口贸易，税制结构中关税及货物税比重最大，1960 年与 1970 年，新加坡关税及货物税占税收比重分别为 45.9%、33.3%，所得税分别为 33.9%、29.3%。彼时公司所得税率较高，达 40%。

20 世纪 70 年代末至 80 年代，新加坡开始从劳动密集型产业向技术密集型产业转型，并出台了相应的税收优惠政策。公司所得税及个人所得税都相应降低，1987 年新加坡第一次大规模降低企业所得税，税率由 40% 降至 33%；投资新兴产业所得税只征 10%，凡受到批准的研究和开发项目，资本支出第一阶段减税 25%，以后每年减税 3%。

随着新加坡经济向技术密集型产业转型，所得税逐步取代关税成为新加坡第一大税种。其间，所得税收入占税收总收入比重达 40% ~50%，其中公司所得税占税收收入的 70%；1980 年、1990 年关税收入占税收总收入比重分别降至 16.4%、12.6%。

20 世纪 90 年代，新加坡经济开始向资本密集型经济转型，但过高的公司所得税率不利于私人投资的扩大和积累。鉴于此，为支持经济转型，新加坡开始调整税制结构，逐步降低个人和企业所得税，1987 年将企业所得税税率从 40% 降至 33%，1993 年为 30%，1994 年为 27%。为解决劳动力短缺等问题，吸引人才来新，1994 年个人所得税率最高和最低税率分别从之前的 33% 和 3.5% 降至 30% 和 2.5%，1997 年再次下调至 28% 和 2%。

20 世纪 90 年代末，为打造区域金融中心，并应对 1998 年亚洲金融危机，新加坡对金融企业的税收优惠力度不断加大。1998 财年和 1999 财年预算案中，出台了包括扩大基金管理及债权市场、信托税收优惠奖励，实行联合信用贷款免税计划等多项金融激励计划。从税制的演变角度看，新加坡打造金融中心思路由来已久，1968 年政府取消了对非居民存款人利息收入的预扣税；1977 年对采用亚洲货币单位进行结算的各项离岸所得仅征收 10% 的公司所得税；1983 年对当地银行等金融机构采用亚洲货币单位提供的银行贷款所得收入免征公司所得税。

自 20 世纪初开始，新加坡开始致力向知识密集型经济转型，为进一步提高人才吸引力，进一步吸引高新技术企业入驻，新加坡税制开始发生较大改变。一是持续降低公司所得税率，从 2005 年起降至 20%，2008 年降至 18%，2010 年下调至 17% 至今。二是降低个人所得税率，2007 年起最高税率降至 20%，但 2017 年又调高至 22% 至今。三是提高消费税（GST）和烟酒税以弥补税收。2006 年新加坡消费税从 5% 上调至 7%，在 2021—2025 年某个时间点将进一步上调至 9%。四是陆续出台了前文税制部分所述各类税收优惠措施，鼓励企业发展，推动经济转型升级。五是保持房地产税较高税率，维持房地产市场稳定，防止过热。六是取消遗产税。2008 年新加坡正式取消了遗产税，吸引富裕人士和财富进入新加坡，打造财富管理中心。

四、新加坡的中央公积金计划

为解决居民购买住房和退休后的养老问题，新加坡建立了类似于全民强制储蓄和保险的中央公积金制度。政府通过这一制度调控消费基金——该制度具有调控工具性特征：当经济增长速度较高时，提高缴交率，降低雇员当期收入；当经济增长速度较低时，则降低缴交率，目前缴交率为20%。

目前，新加坡的中央公积金计划已由单一的养老和住房保障发展到家庭和医疗保障，公积金账户也细分普通账户、专门账户、医疗储蓄账户和退休账户。普通账户公积金可用于购买政府组屋、人寿保险、子女教育和信托股票投资；专门账户用于为公积金成员积累退休金和提供养老保障；医疗储蓄账户用于缴纳医疗保险和医疗支出；退休账户在成员55岁时建立，用于支付养老金。

应当说，没有公积金制度，新加坡不可能在短时间内解决居民住房问题。新加坡中央公积金计划的实施，使大量社会消费资金转化为保障城市基础产品供给的资本。由于公积金计划的实施，新加坡不需要额外的资本积累，国家有能力将40%的财政收入用于国防开支，同时出台自贸港低税率政策并建立高薪养廉制度，保障了政府运行的高效率，保持了国家对外投资能力，使新加坡快速发展为第一世界的发达国家，维护了城市的安定，具有竞争力比较优势。

由于从经济体抽出的消费转变为资本，在扩大了资本和实体经济有效供给的同时，遏制了各种热钱的炒作行为，控制了社会物价水平，使新加坡长期处于高增长和低通胀的良性发展状态，既解决了住房和养老问题，又促进了消费升级，优化了资源配置，使社会财富分配格局相对公平。在新加坡，我们看不到居民因居住环境恶劣而绝望和焦虑，实现“居者有其屋”，也让新加坡房地产市场得以健康有序发展。

第四章

一张蓝图绘到底

—— 新加坡总体规划的编制与实施

新加坡建国五十多年的发展成就有目共睹，之所以能在这么短的时间内取得如此辉煌的成就，得益于其行之有效的国家发展规划。

新加坡规划成功的精髓，主要在于宏大的格局和前瞻性，科学、严谨的全方位系统规划，以人文家的心、科学家的脑、艺术家的眼规划的新加坡市区，严格坚定的执行力，合理地使用土地资源，利用先进的工程和建筑技术，建设更多的基础设施促进经济的增长，包括金融中心，文化、娱乐中心，工业、商业园区等的发展。在规划城市面貌的同时，为国家全方位注入活力，确保经济的长期增长，引导新加坡一步一个脚印地走向辉煌。

一、总体规划的编制背景

在新加坡的城市规划方面，英国托马斯·斯坦福莱佛士爵士贡献非常大，他将土地、居住、娱乐、工商业等项目按区域划分，使得新加坡进入有序管理状态，为后来的规划奠定了基础。由于推崇自由贸易，英国统治下的新加坡殖民政府在发展公共基础设施时采取重商主义和极简主义。新加坡第一任财政部部长吴庆瑞博士曾一针见血地指出："用最少的资金、最高的效率，建立和维护基础设施。"当时能够高效管理，通过设立各种委员会来应对道路、街道照明、建筑规则等基本的基础设施问题。19 世纪末，道路网络长达 119 英里（约合 191.5 千米），而且质量一流。每年投入基础设施的建设维护费达 50 万新元。然而，包括电力和供水系统在内的大多数基础设施，毁于 1942 年至 1945 年的日本占领期间。

20 世纪 50 年代初期，当时的英国殖民政府也注意到了新加坡的规划和未来发展，任命英国著名城市规划师乔治·派普勒爵士为规划顾问，成立了一个由三位规划师组成的团队负责总体规划，用四年时间展开对新加坡城市规划建设的调查，并向殖民政府提交了规划方案。这个总体规划经过公示之后，于

1958 年被政府采用，形成第一部法定总体规划。该规划横跨 1953 年到 1972 年 20 年时间，以 1944 年《大伦敦规划》为蓝本，既为住宅区、商业区、工业区和组织机构区的建设包括区域密度提供了指导，也提供了公园、娱乐、自然保护和集水区等开放性空间。该规划制定的基础是预计新加坡人口在 1972 年达到 200 万。然而，到 20 世纪 60 年代中期，新加坡总人口已经超过 200 万。随着新加坡取得自治进而于 1965 年独立，政府面对的最大问题是不断扩大的城市化，失业、贫困、住房严重短缺、环境卫生恶劣。创造就业机会和消除贫民窟成为重中之重，1958 年的总体规划已经明显不再适用。

新加坡亟待建设，然而当时隶属于国家发展部的规划署主要的精力却放在发展控制上，8 位规划署官员中的 6 位忙于发展控制职能。而刚刚建国的新加坡，在技术人才和资金方面也面临困境。于是政府向联合国开发计划署提出申请，协助新加坡检讨和修订新的规划蓝图。

1962 年联合国城市规划顾问埃里克·洛朗厄先生在对新加坡现状做了初步调查之后，建议修订 1958 年的总体规划。1963 年联合国组成联合小组访问新加坡，同新加坡进行了广泛而全面的交流与磋商，于 1966 年起草了一份行动计划——“国家暨城市规划项目”，该计划很快得到了联合国和新加坡政府的认可，并选中了澳大利亚公司执行这项计划。国家发展部下属规划署中负责规划的两名官员成为这个项目的主要成员，其他成员包括来自建屋发展局和从公共工程局抽调的专业人士，一起协助来自联合国的 12 名专家。这个团队是跨专业的，共有近 30 名成员，领导这个团队的是由联合国任命的澳大利亚顾问公司的总裁。由联合国开发计划署的项目经理任顾问，新加坡总规划师为协调官员。之后，联合国开发计划署资助的其他短期专业团队以 3 ~6 个月时间的短期访问形式相继加入，从而壮大团队力量。

“国家暨城市规划项目”是一个长期的全面综合土地使用和交通运输的规划案，规划的主要目的是满足 20 世纪 90 年代 400 万人口的需求——项目主要考虑了人口数量、学龄前儿童数量、劳动力、住房需求、机动车数量、生产率增速等因素；其最直接的成果是 1971 年形成的概念规划，另一个成果是帮助新加坡完成了早期的市区重建。实际上，概念规划启动的协调土地利用和交通运输的规划，就已经把未来人口的需求都考虑在内。并且，概念规划、土地规划、交通规划等与国家全盘发展规划深度结合，确保新加坡土地发展规划从一开始就配合国家的全盘规划实施和推广。

新加坡政府公共部门在国家发展事业上一直扮演着重要角色。新加坡的一切公共发展计划均必须通过政府规划部门统筹协调，而该部门又在国家总体规划委员会协助下，把所有拟定的公共工程也考虑进去。这也是新加坡制定发展规划的一大特色。

该项目规划的另一个特色是基于深入的调研、数据收集和分析，并测试了第一阶段所提出的其他方案优劣，以期达到最优规划效果。在规划的制定中，采用了一些创新的方法，包括入户采访、评估从家里到工作场所的交通需求，计量方法优化、经济预测模型和社会学调查，确保未来生活形态和工作平衡等课题。这个概念规划取代了早期的法定总体规划，并确定基于变化的情况和人口需求进行定期检讨。

特别地，新加坡政府于 1959 年设立了规划署，直接隶属总理办公室，由此可见李光耀总理对国家发展规划的重视程度，李光耀还经常听取规划情况汇报。60 年代初，住宅问题归属国家发展部，因国民住宅问题直接影响到总体发展规划，1962 年规划署从总理公署分离出来，统一划归隶属于国家发展部。国家规划如果涉及有关地区正在拟定的发展计划，相应也要配合当前和未来的交通运输系统，从而为各政府部门和法定机构提供关于发展计划地点的建议；如果国家发展部认为有必要，各地区都必须呈报关于市镇规划、交通运输、协调公共工程的相关事宜。

二、新加坡总体规划法律保障

（一）征收发展费

根据土地的容积率收取费用，该政策在执行过程中不断改进，一直保持到今天。征收发展费的条例，是从 1964 年修正 1958 年规划法令时开始实施的。1964 年的《规划条例》授权规划署在颁发书面许可证时征收发展费。任何地段的发展计划如果与新加坡总体规划规定的发展性质有差异而产生地段增值，就必须缴纳发展费。如果超越总体规划规定的强度开发，则在获得书面许可时缴纳开发费。引起地段增值的原因是变更为更具价值的发展方式，如改住宅地为商业用地；另外的原因是增加发展密度或集约度。无论什么情况下，发展商必须向政府缴纳因此所引起地段增值的70%，作为“交换”额外发展权利的条件。这项条例于1965年开始实施，其基本概念是发展商应该将一部分由于土地增值而赚取的额外利润交给政府。

土地增值是由于政府特别批准发展而来的，包括以下几个方面：所批准的住宅产业的发展密度超过新加坡总体规划所规定的最高限度；商用产业发展的集约度比总体规划所规定的要高；所批准的发展性质和总体规划上所规定的不同，而且会带来较高的地价和产业价值，例如，从住宅用途转换为商业用途，或从混合住宅、商业用途转换为纯商业用途。如果受批准发展不属于上述三种情况，则发展商不必缴纳发展费。征收发展费主要是为了国家的长远利益，而不只是为了刺激产业发展。同时，政府也期望宝贵的土地得到最充分的利用，发展商将会进行密集的发展。

（二）中央限制区计划

这一计划于1975年推出，是电子收费制的前身。这个计划的推出在当时颇费了一些周折，包括部分内阁成员在内的许多议员均提出了不同意见，主要因李光耀总理的坚持，才得以保持下来。中央限制区计划在全世界是首创，且不断调整改进，一直坚持到今天，为新加坡的交通规划管理做出了非常大的贡献。世界上许多国家和地区都来参观学习，可惜真正实施的国家和地区并不多，说明了坚持这项制度的艰辛，更反映了新加坡政府治理交通的决心和信念。

（三）火灾地块土地征用法令

该法令的背景是当时有一些业主会自行烧毁房屋，将屋内住户赶出去，而自行发展建筑新的房屋，这样就造成一部分人流离失所，给政府带来负担。该法令规定可以授权政府以低于市场的价格征用发生火灾的地块，用于建造政府组屋，安置无家可归者。一些有火灾隐患的地块的屋主，倾向于该地段发生火灾是因为屋主很难迁移租住在他们屋子里的租客，而这些房屋又有安全隐患。政府强制拆迁发生火灾的地块就允许这些地主处理他们的地块，相对于地主是有益的：一方面可以迁移租住户，另一方面还可以拿到政府补贴。

（四）综合土地利用

新加坡面积有限，工业化进程迅速，人口增长很快，迫使新加坡必须谨慎规划，确保新加坡享有高质量的生活环境及未来发展空间。新加坡国家环境局前副局长许剑就说过："新加坡非常小，我们没有犯错的余地。所以从一开始我们就必须合理规划。因为一个错误就能给新加坡带来灾难性后果。"

对多项土地预算提出议案，1971 年概念规划之前的规划均没有考虑综合土地利用。在 1971 年概念规划指导下，对土地实行划区，包括自然保护区、绿色区、工业区、住宅区等，这是政府在微观层面和宏观层面进行长期规划的工具，以确保相似和相融用途的土地距离较近，相冲突的土地彼此远离，也使新加坡政府能够有效地安排互相矛盾的土地。这是 1971 年概念规划最亮丽的特色，也是第一个重大突破。

三、新加坡规划理念创新的实践

（一）百年规划预留足够城市发展空间

一般人设计规划蓝图是"二维"的，有一些也会考虑到"三维"，其实规划还有一个"时间"的因素，好的规划一定是四维的——规划必须接受时间的检验，经得起历史的考验。如果只在短时间内活跃，城市就会成为主题公园。如果希望一个城市成长为一只鲲鹏，一开始就要养一只大鹏鸟，否则，即使饲养几千只雏鸡，永远也不会长成扶摇直上九万里的大鹏鸟。所以，好的规划，一开始就要展开大的架势，有了大的格局，就为一个城市创造了发展的空间，留下了成长的未来。

城市是有生命的，城市规划者要回答的关键问题是要建设一个百年的城市还是千年的城市？规划影响着城市的发展进程。规划者必须为城市留出足够的成长空间，城市才会有更广阔的前景，才会更有生命力。城市规划者的境界可以分为四个层面：第一个层面是城市的美容师；第二个层面是城市的工匠；第三个层面是城市的医生，为城市诊断和治疗并解决城市的各种问题；第四个层面（最高层面）是城市的预言家。一座城市往往在规划20年以后才会看到模样和效果，甚至需要更长时间。所以，城市规划者应当同时担当城市的工匠和预言家，需要有广阔的规划视野和长期的发展眼光，能够预见城市的未来愿景。

1991年，新加坡实际人口只有320万，按照以往经验，概念规划的时段应该是20年，当年的规划理念确实非常大胆超前，规划的不只是20年，而是100年。同时考虑到了特殊情况的发生，在440万人口上面加了20%～25%的不可预见后果，就有了550万人口。国家基础设施、交通道路规划设置、城市及市镇建设等都是以此为依据展开的。结果新加坡在2015年就达到了这个目标。

关于城市预留土地问题也很复杂。如果有很多地方未开发，也无法对森林覆盖进行详细的调查和测算，只能定位为待开发的、暂时保留土地。还有一种情况就是有大量的贫民窟有待改造和开发。预留土地是新加坡规划成功的一条重要经验，这是城市发展长期规划最重要的一环。城市需要发展，没有土地了怎么办？如果没有预先考虑市政设施，道路管网等市政设施将无法建设，城市也就很难正常运行。如果不是早期预留了土地，今天新加坡的土地早就用完了，这是新加坡规划建设的秘密武器。保留部分土地用于建设关键基础设施，如污水系统、垃圾处理和焚烧设施等，也包括交通、住宅、工业等各个方面，1971年概念规划都做了充分的考虑。

（二）环状发展方案

1971年概念规划的核心理念是决定采取环状发展方案，称为“环状概念总蓝图”，着眼土地综合利用和交通规划两个方面，形成环形加带状的城市走廊布局，这是第二个重大的突破。概念规划指导委员会研究后认为，城市发展应该集中在南部裕廊和樟宜之间的地带，以减少上下班的总里程。这一理念以1963年提出的“科尼斯布格计划”为雏形。在中央集水区周围土地建设高密度卫星镇，规划交通网络联络各卫星镇；开发廊道沿线的地铁网环线连同地铁东西线，把工业开发的土地与建设新镇联系起来。

（三）卫星镇、多中心发展战略构思

卫星镇的概念源于英国，在欧洲，一个卫星镇通常有3万~5万人。新加坡依据实际情况研究得出，一个卫星镇需要超过20万人。卫星镇可进一步分解为小区，社会调查发现，一个小区预计需要5000户到10000户来支撑，小区内靠步行就可以满足基本的生活需求。专业研究认为，生活在温带地区的人一般愿意走600米，处在热带地区的新加坡正常应减少到500米，但是新加坡人只愿意走350米。经反复论证，这样短的距离容纳的人口无法匹配小区所必需的公共设施，最后定在450~500米。

卫星镇最重要的概念精髓就是高度自给自足，这也正是一个城市是否宜居的最基础设置。镇内还设有无污染工业区，容纳轻型工业，为居民提供就业方便。新镇内有完善的交通系统，新镇中心由地铁相连，包括巴士转换站和轻轨等，努力为居民营造舒适宜居的居住环境。卫星镇可谓是新加坡规划的“砌砖石”，有了这样的一个基础，城市规划自然而有序。新加坡的若干个卫星镇都曾获得国际奖项，比如淡滨尼新镇在1991年获得联合国世界人居奖，大巴窑在2008年获得联合国公共服务奖。片区和卫星镇的策划概念，为亚洲乃至其他发展中国家提供了有益的参考和切实的经验，也成就了新加坡多中心的城市规划格局。

新加坡全国分5个片区，在中央商务区之外，建设与之相匹配和互补的区域中心，旨在分散涌入市区的人潮至穿行各区域中心的地铁线。这些区域中心形成市区外的主要商业中心，就近依托卫星镇中心进行建设及扩展。每个片区大约有100万人，当时5个片区共包括25个卫星镇；每个卫星镇20万~30万人，面积15~25平方千米，包括部分私人住宅区。

区域中心的概念来自公共住宅建设及卫星镇策划一点一滴的实践和经验。当时的城市规划概念中只有卫星镇，没有片区。由于对城市结构进行细分，便于统筹和合理规划及设计，减轻市中心的压力，所以“城市家族”概念被提出。“城市家族”让城市具有了层次和“上下辈分”的等级，更容易规划和操作，更有秩序和更永续。卫星镇包括邻区，邻区包括小区，小区包括组团，层

层相连，形成完善的“城市家族”。比如家族排序，曾祖父、祖父、父亲、孩子，城市就是“曾祖父”，商业中心、道路、医院、学校、食阁、住宅、公园及娱乐区等都是家庭成员，各得其所。

（四）基础设施建设至关重要

国家重大基础设施，除了交通和公共住宅、集水区等，还包括发电厂、水渠、水库、垃圾焚烧电厂等，需要长达20年的时间来开发，而这些设施都通过规划审批，被分期纳入开发方案。这样做的优势是，交通主管部门可以安排道路建设时间，确保满足开发区的需求。同样，医院和通信设施的建设也被纳入总蓝图的考虑范围，包括提出将国际机场从巴耶利峇迁址到樟宜。

工作和居住对交通的分配至关重要。社会学研究发现：人跟土地的感情纽带关系一般限于5英亩（约合20234平方米）左右，也就是2~3公顷。在这样的范围内，人与人的关系以及人与环境、土地的关系会更和谐；超过范围，人就不容易有归属感。于是产生了“组团”的概念——居住小区的基础设计单元就是从组团开始的；然后一个组团、一个组团地去设计；每个组团设计一个进出口，类似于一个“大家庭”。组团的“大家庭”设计模式对于规划基础设施有显而易见的优势。一是很容易预测未来人口需要居住的情况，比如需要什么样的房子、多大面积的房子等；二是便于预测当地工作需求——当然也要取决于所发展的行业，劳动密集型与技术密集型会有所差异；三是有助于预测商业需求，估算购物需求，可以判断在哪里建立商业中心、建设多少、中心规模等；四是便于预测当地的教育需求，例如儿童入学需求、大学资源分配等都成了估算的基础依据。一个人居住的地方和工作、出行均有很大关系，也相当复杂，如何使距离缩短、便捷又直达，非常重要。工业区、商业中心与交通的关系如何安排才更合理便捷都是当时考虑的重点。娱乐、上学、休闲等都要预先考虑清楚，才能够做出更加人性化的规划安排。高速公路建设，也要考虑社会发展、人口、工业、商业、休闲等多方面因素，需要收集资料、根据人口的出行分布，设计公路的宽窄和数量等。充分评估上述内容之后做出的城市发展规划，便可以有效协调区域内的交通需求、布局和容量等多方面元素。

新加坡1971年的概念规划就是将交通、公共住宅、工业、水资源和环境保护等结合在一起的综合性规划。选择该规划方案的原因有四个：第一，该方案允许城市发展分阶段开发，并可以根据重点和趋势的变化调整方案。第二，该方案计划建造高效率的交通体系，通过地铁巴士结合系统，把工作和居住地结合起来；每个结合点都是一个集散地，便于高效地疏散人流。第三，规划居住区围绕中央集水区展开，可以最大限度地保护中央集水区。第四，城市环状发展方案是当时建设水电供应主干线的高效模式。

建设多元化的交通体系十分关键。新加坡之前只有大马路，没有高速公路，也没有地铁等轨道交通设施。1971年概念规划为新加坡规划了基础高速公路、中央高速公路、泛岛高速公路等，为解决可预见的未来交通拥挤，确定了建设轨道交通，并明确了南北线和东西线；同时结合居住区（组团模式）的建设开发，对市区及郊区包括邻里、小区交通均作出非常详细的规划布局。在交通规划蓝图中，新加坡公路总长度将从20世纪60年代末的800千米增至90年代的3000千米。一般来说，交通与土地分不开，并需要同城市规划结合起来统筹考虑；从规划的技术层面解决高密度城市交通堵塞，是保证城市交通畅通的基础和关键。如果在规划的初期没有把道路网络考虑在内，规划建设好了，只有做高架。交通和土地的关系处理好、提早规划，完全可以把高速公路放在地上。实际上，修建高架的高速公路基本上意味着规划的失败：一是高架建设费用很高，二是会破坏高架两边的环境，三是会降低高速公路两侧的房价，对经济产生负面影响。今天，我们在新加坡很少见到高架路，但交通状况却比那些布满高架路的城市更畅通，这也是科学规划的重要佐证。城市规划不仅是物质的架构，还承载着一个城市、一个国家的灵魂、历史和文化。城市规划师在做总体规划的时候如果有社会责任感，就应该明白要建设一个什么样的国家、什么样的城市，准确把握城市发展的价值观和精神内涵。

公共交通规划是重中之重。当时的规划之所以把公共交通放在第一位，主要是因为交通问题已经相当严重，新加坡政府认识到交通对一个城市发展的制约，因此花大力气对公共交通做了深入调查，尝试创新交通发展理念。比如，地铁巴士结合系统在当时就是全新的设想，并曾引起过各方的争论，最后经过深入调查后得出的结论是：如果采用全巴士系统，那么后果将相当严重，即使马路再宽，也无法容纳那么多的巴士。实际上，这种超前的规划创新是有效果的，一般来说，大城市用于公共交通的土地使用占比在20%左右，而新加坡仅为12%，极大地提高了土地利用效率。今天的地铁交通模式也验证了当时新加坡交通规划的明智决策。

工业用地的合理安排也十分重要。新加坡面积狭小、资源匮乏，发展农业根本不可能。被誉为新加坡经济发展总设计师的第一任财长吴庆瑞针，对工业发展问题曾经指出：工业将带来现代化和财富，它不仅能带动经济增长，还能促使社会观念迅速转变，从而与现代化社会的要求接轨。新加坡1971年概念规划，非常详细地确定了工业区廊道建设、工业园区建设等。《土地征用法》条例的修正，加快了工业基础设施的建设。在这期间主要还是裕廊工业区，成为功能齐全的真正的工业园区。政府也规定了特定产业园，推动石化工业发展，包括亚逸美宝岛大型石化工厂，双溪加株、克兰芝木材加工业区、樟宜机场航空业基地等。明确建立高科技技术走廊的发展战略是1991年概念规划又一个重要的突破，体现了高度的工商业和高科技发展理念。概念规划中的工业用地计划是经过工业小组委员会研究制定的。通过小组委员会的深入研究，最后提出了建设技术走廊的发展战略。《总蓝图》在岛上标出了两条科技廊，用于建设各类产业园，孕育知识导向型产业群。科技廊坐落在主要高等教育机构、交通干线和区域中心附近。其主要战略还包括通过填海使南部七座岛屿连成一片，将裕廊岛建成一个战略性的化工产业中心，将有一定污染和爆炸风险的产业安置到离岸岛屿。水源用地也是城市规划的关键元素。水源是新加坡生命延续的关键所在，李光耀对此非常清楚，在新加坡独立之初就对于水源规划做出了系列指示。1971年概念规划中，详细确定蓄水池和堤坝建设等内容。

环境用地为城市可持续发展预留空间。环境用地包括污染区划分、公园设置、绿地安排等。新加坡在20世纪60年代的环境管理目标是保证基本的公共健康和疾病控制，70年代以后的环境管理重心开始转向控制污染，特别是空气污染、水污染和垃圾处理。上述环境管理理念在新加坡1971年概念规划中都有了充分考虑和具体体现。

合理布局公共住宅用地。在规划中，公共住宅是综合考虑新加坡城的交通系统和工业区建设之后做出选址决策的，从而尽量确保公共住宅主要沿着交通廊道依序开发建设，提升居住群体的出行便利性。

规划并预留国防用地。新加坡 1971 年概念规划中增加了国防用地，这在当时也是一个重要突破，之前是没有国防用地的考虑。

（五）生态环境理念融入城市规划之中

李光耀在回忆录中写道：新加坡独立之后，我试图寻找一种有效的方式，使得我们不同于其他的第三世界国家，最后我决定建设一个清洁绿色的新加坡。我的战略之一，就是将新加坡建设为东南亚的绿洲。因为按照第一世界的标准来建设新加坡，将会吸引企业来新加坡设立分公司，吸引游客来新加坡旅游。城市一定要有自己的特色，尊重当地人生活习惯和历史背景及自然环境。

欧洲的城市地处温带，建筑和规划有其自身特点。新加坡是热带城市，在慎重研究之后，概念规划指导委员会于 1991 年提出了一个富有鲜明特色的规划愿景——“迈向独特卓越的热带城市”，在突出热带特色的基础上大胆设想：

虽然新加坡既没有威尼斯、开罗、罗马等古老城市的丰富文化与建筑遗产，也没有芝加哥和纽约现代化国际大都市的风貌，但是，新加坡仍然下决心尝试实行发展一个 21 世纪卓越城市的大胆计划。

为了完善 1991 年新加坡概念规划，公园与娱乐署牵头的康乐活动委员会提呈了公园和娱乐设施规划，旨在把新加坡建设成卓越的热带花园城市。主要战略是打造各处分散的开放性空间，建设河畔公园、海滩、自然保护区和重要生态区，通过填土工程在东海岸岸外填出一座面积达 700 公顷（7 平方千米）的长岛，将 140 千米的海岸线增加将近一倍，呈现“蓝海绿岛”美景。本岛的 75 公顷（75 万平方米）原始森林、2000 公顷（20 平方千米）中央集水区、武吉知马天然保护区以及实马高岛都将受到保留和保护。

当时，新加坡每千人只有 0. 7 公顷（7000 平方米）花园绿地。1991 年概念规划显示，到 2000 年，新加坡每千人将享受 0. 9 公顷（9000 平方米）花园绿地。新加坡规划署与国家公园局合作，同时请自然学会等组织对那些有值得保护的特殊动植物的地区作出特别提示。将市区发展引向自然，而不只是把自然带入市区，这其实就是新加坡城市绿化的精髓。

基于李光耀的思想，新加坡的规划一直坚持经济繁荣和环境舒适。到20世纪80年代末，新加坡已经成为著名的花园城市。随着全球环境问题越来越受关注，新加坡经济高速发展，人民生活水平大幅度提高，为保持新加坡持续和更高的发展目标，90年代的环境策略由过去以解决问题为主，转变为憧憬和规划未来。

新加坡早期着重发展经济，从未放松对环境的重视。当时有一家跨国公司要落户新加坡，工厂选址靠近市区，不符合新加坡环境保护的要求，经过了长达一年的协商，该企业同意择址西海岸工业区。

配合1991年概念规划，《新加坡绿色计划》于1992年由新加坡环境部提出，是第一个综合考虑环境与发展需求的正式计划，涉及环境管理、基础设施、教育、国际环境项目与技术等诸多方面。

（六）文化多元是城市规划的灵魂

一个城市的发展变迁，有其文化的沉淀和历史的轨迹，特别是古建筑，都是城市最宝贵的记忆，在每一个城市身上打下了深深的烙印，是一个城市的标签。一旦破坏，城市就失去了灵魂，也就失去了生命力和独特的魅力。

在发展卓越热带城市概念引领之下，新加坡的另一个显著的特色就是保留多元种族文化。市区重建局要创造的是一个能反映新加坡人的愿望、具有本地特色的热带城市，包括多元种族色彩，对牛车水、小印度、芽茏士乃、阿拉伯街等都有非常详细的规划方案。滨海湾将建成世界级中央商务区，打造国际金融投资中心、亚洲名城和热闹活跃的不夜城。除了继续发展基础设施和新商业区之外，城市发展将配合国人的文化与精神需求，提供新的文化建筑物，同时也要建设世界最大中转港、全球最佳机场和国际游轮中心。

古建筑就如灰姑娘，洗个澡、换上新衣服就成了美丽的公主。建筑是城市的记忆，自然环境是城市的灵魂。每个城市的历史街区和古建筑本身就是这个城市的记忆和文化。保护历史街区，保护古建筑，相当于保存城市的记忆，让城市更具内涵。

新加坡的骑楼在设计上非常富有特色。建筑材料大部分来自中国，屋檐是马来风格的，楼体立体雕花的饰物含有印度特色，柱子又混合欧洲建筑风韵。很奇妙，这些混杂的风格，体现在一栋建筑上，并不令人觉得不协调，还非常富有美感和民族性。这也恰恰体现了新加坡的特色，是多元文化的见证。曾是《海峡时报》记者的葛月赞，走遍新加坡大街小巷，用照相机“写下”了《古色新彩——新加坡传统建筑风貌》一书，让人们重新认识骑楼的风采，将这些魅力十足的“灰姑娘”，推介到世界各地。这本书目前已经重印了六次，被人喜欢的程度可见一斑。

20 世纪 70 年代，建屋发展局在规划建设公共住宅的时候，曾经与一家法国公司签署过一个总价 8 亿多新元的合同。法国人有保护古建筑的意识，那时他们看到许多的老建筑被拆，心存不舍。有一天，他们提出花几千新元把一栋老房子重新按照原貌涂上油漆，涂完后大家的眼睛全亮了，原来这些古建筑是这么美。从那时起，大家对古建筑的看法开始改变。

为保护老房子，新加坡政府制定了六条标准十大原则，花了一至两年的时间对新加坡 50 年以上的老建筑进行了统计，因为新加坡历史比较短，最老的建筑也不过一百多年。经过统计考察，第一批大概有 5500 栋需要保留下来。

坚持尊重自然拒绝“创意”的规划理念，逐渐被中国业界重视和肯定。厦门岛规划的时候是 20 世纪 80 年代，正值中国改革开放初期，当时很多人建议拆除古建筑，多数涉及骑楼。正是由于厦门政府坚持保留骑楼建筑群，才让中国和世界拥有了一个有灵魂和无限魅力的厦门市。

（七）城市建筑是一个合唱团

城市有其独特的、个性化的自然脉络，正如人的灵魂和血脉，是一个城市的标识，全世界没有任何一个城市的自然风貌与其他城市相同。规划设计者必须怀着虔诚的心态，尊敬城市最基础的脉动，与土地“谈恋爱”，按照其自身的特点塑造她、完善她，而不是按照规划者个人的主观臆想率性而为，破坏一个城市基础的灵性。

城市可以有标志性建筑，但如果标志性建筑太多就成了一个城市杂货店。如果把城市的建筑比喻为一个合唱团，那么标志性建筑就如领唱或独唱，只能是少数的，绝大多数是协调配合的，少数才具有独特性和观赏性。如果每一个都成了独唱，就没有独特性可言，如果一个城市全部都是标志性建筑，就淹没了标志性建筑的独特，失去了标志性建筑存在的意义。

好的规划系统一定是宏观和微观的最佳配合。现在很多城市规划偏重微观，注重单体的建筑和细节，注重项目工程，可是再美的建筑堆砌起来也不能代替一个城市的总体规划。如果只做项目，就无法通盘考虑交通、基础设施等系统化的问题。

规划师要有人文家的心、科学家的脑、艺术家的眼，还要有艺术的观念，站在艺术的高度上看问题。规划要有科学依据，遵循一定的章法，不能乱来，想在哪里开河就开河，想在哪里盖楼就盖楼是不行的。就如一篇好文章，不能只是华丽辞藻的堆砌，要有丰富的词汇、章节、完美的修辞手法和生动变化又和谐统一的结构方式，还要有明确的主题思想。

城市也有各自不同的身份，人口很多的超级大城市，像一位贵妇，中等城市、小城市和农村城镇，就如小家碧玉、学生或村姑，穿衣打扮一定不同。在制定规划时就要根据不同的身份确定不同的目标，大城市高档豪华，乡村不可以珠光宝气，否则很不匹配。可是现在有些地方就一味模仿，都学北京和上海，仿佛村姑穿着高跟鞋下田地，不仅不实用，别人看了也不舒服。

规划的起点就是按照合理的规划原则和理念画出图纸。要考虑地貌特色，尊重地貌就是好的规划。任何城市都有自己的灵魂，就如“紫禁城”是北京精神与文化的象征，如果拆除了紫禁城，所谓的“京城”也就没有意义了。今天的新加坡仍然存在牛车水（唐人街）、小印度、马来村、小泰国，是其引以为傲的规划成就，有力地展示了新加坡多元文化和种族的历史全貌，是新加坡独有的城市特色。

四、规划执行和技术保障

规划前的研究和调查非常重要。针对全岛来说，在工作开始之前已经有一些数据了，主要是针对土地的应用，了解工业用地、商业用地、居住用地、交通及公共设施用地情况等，在这个基础之上展开研究，实事求是、因地制宜，根据国情制定相应的发展规划，做大量的调查、研究、分析和模拟实验，充分考虑当时的需求和未来的发展需要。对规划方案的测试，主要是指交通测试，针对交通容量和土地分配进行测试，以确定建立多少条高速公路和普通公路结合的公路网络等。当时的规划测试其实是一种本能测试，主要针对组屋区居住情况和日常出行情况，并结合卫星镇的开发建设，关注一户有多少人口、什么年龄、在哪里上学或上班、从事何种职业。此外，还包括社交与娱乐习惯，特别是交通方面的需求调查。在全岛范围内进行抽样调查，确保调查具有广泛的代表性。最初联合国顾问团的入户调查曾出现过误差，原因在于顾问团团员来自不同的国家，个人生活习惯与新加坡人有很大差异。例如，当时对珍珠坊小贩做过一项调查，了解他们对日常生活、商业、出行娱乐等方面的看法。实际上该项调查并不实用，一是调查对象没有普遍性，二是提出的问题不合适——如问他们希望有多少个公园。而在那个时候，大家普遍关注的是工作、居住，而不是公园，首先需要解决的是生存问题。由此可见，顾问团设计的问题偏于学术性，与当时的生活和社会完全脱节，并没有因地制宜。不过后来这种情况有所改善。

早期国家规划署的主要任务是规划分区和容积率管控（如管理所有的私人项目以及共同协调基础设施和环境服务项目），主要职责是负责管理总体规划，后期全程参与1971年概念规划的制定和实施。

由于人口急剧增加和经济快速发展，新加坡自治前制定的1958年总体规划很快过时。尽管如此，这个总体规划为1971年概念规划的制定奠定了重要基础。当规划分区和容积率调整完成后，所有的私人项目都需要缴纳发展费。这一举措增加了财政收入，促进了基础设施项目的开发。同时，《土地征用条例》的修订也降低了土地征用成本，促进了公共住房的建设，缓解了住房短缺问题。

1960—1965年，新加坡在国家建设和城市规划方面做出了贡献。面对住房短缺和严重失业，新加坡政府不得不利用有限的资金和自然资源，加快城市基础设施和公共服务建设，以满足日益庞大的人口需求，为急需实现的经济发展注入动力。其中最重要的一项就是公共住宅的建设。1969—1971 年，规划署的主要贡献是参与联合国专家组，一起准备 1971 年概念规划。当时参与规划制订的还有市区重建部门和公共工程局的挂职官员。

总体规划委员会成立于 1960 年 3 月，主要职责是配合总体规划的实施，确保各政府部门和法定机构提出的关于发展新加坡土地的建议符合总体规划和概念规划的要求；负责解决各政府部门或法定机构之间在土地利用方面的争执。总体规划委员会对政府部门或法定家庭收入、就业及职业结构、工业用地需求、住房用地需求、办公空间需求以及酒店空间需求等均作出了非常具体的预测，在政策目标、各种发展预测和规划参数方面均提供了很好的指导，最终形成了 1971 年概念规划。

高度的协调是成功的关键。总体规划委员会是非常重要的机构。总体规划委员会的十名委员都来自直接负责建设新加坡的主要政府部门和法定机构，如建屋发展局、裕廊镇管理局、市区重建局、新加坡土地管理局、经济发展局、公共工程局等，任何问题反映上去立刻得到各方重视，相关部门分头去做，问题解决得既快又好。这其实是一个很好的经验。大家在一起互相尊重，有问题集体讨论，具体分析解决，又由一个部门牵头，多而不乱。

总体规划委员会主要行动程序：政府各机构的计划提交总体规划委员会，由其审批所有公共部门发展的全部土地使用和土地分配计划。公共部门的发展由总规划师主管，根据总体规划委员会建议开展工作，最终的决定权掌握在国家发展部长和内阁手中。总体规划委员会的存在使发展能够协调起来。当时建屋发展局、裕廊镇管理局和经济发展局也可以提前保障本机构的土地需求。

新加坡的总体规划具备法律效力，再加上 1966 年修订的《土地征用法令》，政府有权在必要时为公共用途强制征用私有土地并为土地所有者提供补偿。这大大推动了新加坡的市区重建和公共住宅建设。从更大的范围来看，规划署以法定的总体规划为依据，确保预留住规划中规定用于未来的道路拓宽、学校、地铁和巴士总站、工业区、水库和军队训练的土地，从而大大减少未来的征地成本。

规划署面对的主要问题在资金方面。新加坡刚建国时，工作人员普遍认为资金不宽裕，在写预算案的时候，就会考虑多写预算额度，力图多争取一些资金，但并不是每次都获批准。

人才培养也是一个宝贵的经验。在这一方面，新加坡政府非常聪明，舍得投资引进具备高技术能力的执行级人才，这也是新加坡人才策略的成功之处。新加坡为每个联合国派来的官员配备一个新加坡官员协助其工作，主要是希望借助这样的机会向顾问团的技术人员学习，为顾问团撤走后由新加坡本地官员执行规划打下基础。方案提交的程序是联合国—顾问团—新加坡方面，大家各司其职，团结协作。新加坡方面深入地参与了所有的工作和决策。顾问团提出向国家发展部报告，国家发展部常任秘书参与整个过程，这对新加坡而言是一次很好的学习和实践机会。同时选派人员得到联合国赞助学费到欧美大学学习深造。正是有力的技术支持保证了联合国顾问人员撤出后，新加坡可以单独顺利地执行和实施规划。

第五章

从贫民窟到美丽天际线

—— 新加坡市区重建的故事与经验

几十年前的新加坡，79%的人口住在贫民窟。早期的英国殖民政府虽然也有发展新加坡的愿望，于1927年成立改良信托局，旨在解决城市规划问题及清除贫民窟，并在1951年依托改良信托局开始摸底调查，准备编写综合性的规划蓝图。但是由于第二次世界大战对新加坡造成严重破坏，许多规划和计划也因为战争半途而废。“二战”结束后，逃往外地的人相继回流，成千上万的流浪者、失业者挤在高度集中的市中心，大量的贫民窟迅速形成。

导致住房情况日益恶化的一个重要原因是英国殖民政府于20世纪40年代颁布的《租金控制法令》，目的是防止业主提高租金，可是业主却因此丧失了维护房屋的动力。人口快速增长造成对住房的高度需求，有些屋主特别是“二房东”，为了获得更高的租金，大小房分割转租他人，一个房间甚至可以租住几十人。面对摇摇欲坠的骑楼，破旧肮脏的环境，疲惫贫穷的劳工，肺结核、传染病肆虐的城市，英国殖民政府只好于1947年成立住房委员会，配合1927年成立的改良信托局研究解决住房问题，但是收效甚微。

1959年，新加坡取得自治，人民行动党通过大选上台，自治政府于1960年成立建屋发展局替代改良信托局，紧急建设住房，解决住房短缺问题。李光耀大胆地提出了一年建设一万间组屋的计划，第一个五年计划（1960—1965年）期间，政府向人民承诺建设50000间公共住屋。

建屋发展局当时的建屋速度非常快，英国殖民政府从1927年成立改良信托局，到1959年为止，只建设了32000多个单位的组屋。新加坡自治以后，第一个五年计划期间就完成了54430个单位，平均每45分钟完成一间组屋。1968年，36%的人住在政府组屋。1985年，新加坡成为首个没有贫民窟和棚户区的亚洲城市。

随着大量建设组屋和发展工业，新加坡政府发现1958年由英国殖民政府主导的总体规划越来越不适应新加坡现状，特别是1965年独立后，国家体制发生改变，新加坡要建设自己的国家，必须制定新的规划蓝图。政府决定向联合国开发计划署提出申请，检讨 1958 年的总体规划，协助新加坡市区重建。

联合国派来三位专家，协助新加坡制定重建规划。一位是城市规划设计专家奥托·科尼斯布格先生，一位是土地法律专家查尔斯·艾布拉姆斯先生，还有一位是城市交通问题专家神户进先生。20 世纪 60 年代中期联合国专家撤离时，新加坡组建了第一支市区重建团队，隶属建屋发展局，称为市区重建组，这就是市区重建局的雏形。

为搞好市区重建，新加坡政府派人考察了美国、日本以及英国、德国等欧洲国家，只有美国的做法可供参考，但新加坡政府还是决定彻底颠覆美国的做法，并采用了一套自己发明的方法。因此，新加坡的市区重建是在毫无经验借鉴的情况下自发发展起来的，靠的就是敢想、敢说、敢做和变通精神。

一、大的格局，好的规划

市区重建是指清除贫民窟、重建市中心区、改善环境及服务等，并创造就业的机会。市区重建并不意味着只是供给良好的住屋，也会为商家提供办公、银行、旅馆、商场等建筑物及场地，为商业带来机会，刺激经济的增长。市区重建不能只考虑建筑道路及公共场所，还应该创造一个适合及吸引人的环境，保证设计的环境不仅要适合当代，而且要适合后代，让我们的城市更有生命力。

进行市区重建，必须要有长远的规划和大的格局。如果只顾眼前，就会让重建走入死胡同。比如滨海南区的建设规划和发展，这块填海的地段，一开始就被寄予厚望，与红灯码头、莱佛士城金融区连成一片，成为新加坡崭新的金融和商业中心，今天的滨海湾已经成为新加坡最璀璨的经济、金融、娱乐、文化和商业中心。又比如保护古迹的行动，就是因为重建的初期便意识到了其重要性，在制订重建计划的时候将保护古迹纳入整个规划之中，否则今天一定看不到牛车水和小印度了。无论是早期的市区重建，还是后来一步一步走上轨道的国家规划，都让新加坡逐渐成长为备受世界瞩目的城市国家典范，受到许多发展中国家推崇。

当时市区重建计划的主要工作，就是要把新加坡市中心区的旧屋拆除重新建造高楼大厦，同时也要加宽公路、改善公共设施、改善交通状况等。

新加坡市中心位于新加坡河南北两岸 1～1.5 英里（1.6～2.4 千米）的范围内，约有 1700 英亩（约 6.9 平方千米），占国土总面积的 1.2%，居民人口占全国总人口的 18%，人口高度集中。一般的建筑物多为单层或三层，都超过百年的历史，既老旧又缺乏基本的公共设施；市中心区的公路网络也难以满足现实需求。第二次世界大战后，因居民大量流入，原来供一家用的厕所和厨房，变成供多至七八家使用。结果骑楼的后巷人满为患，不但成了儿童玩耍之地和大家的餐厅，也成了肺痨病传播和犯罪的场所。

1966 年 1 月，联合国开发计划署批准了援助新加坡进行市区重建的计划书，以特别基金的方式给了新加坡一笔援助金，主要用于为新加坡提供专家的咨询与服务，帮助新加坡开展一系列的市区重建工作。

随着市区重建工作的开展，特别是联合国顾问团在新加坡制订了实际有效的重建规划，市区重建概念逐渐形成，到 1971 年概念规划出炉，市区重建有了一个明确的概念。

在新加坡进行市区重建有一个很敏感的政治问题，就是重新安置家庭与商铺，即邻里中心自给自足的商业服务。新加坡是多元种族和多元宗教的国家，这使问题变得更为复杂。因此，政府的执行官员就需要很大的勇气和精明的判断力，看准时机后大胆快速地开展工作，并不断地向社会和公众人士宣传市区重建的重要性。市区重建涉及土地规划、交通规划等问题，还要提供基本的公用设施，因此规划部门、公用设施部门、交通部门等需通力合作。当时的优势是，这些部门大部分都隶属于律政部和国家发展部，这使得工作配合相对容易，加快了工程的进展。

二、市区重建步骤和方法，从简单到复杂

市区重建最复杂的工作是拆迁和安置，要拆除一间陈旧的板屋，就要建造六个单位的廉价住屋作为迁移之用。快速的公共住宅建设，在拆迁和安置方面为市区重建开辟了道路。当时在许多国家，安置受影响的公民并不是政府的义务，但在新加坡受影响的居民全部得到了政府的安置，这要归功于居者有其屋计划。

首先选择一些还没有充分利用和人口比较稀疏的地方开展重建工作，这些地方最好是政府的土地，比较少地牵涉征地和人口的迁移。在策划土地开发、人口迁移时，必须考虑到改善目前存在的社会难题，一方面促进城市发展，另一方面进行社会改造，双管齐下，取得对国家建设事半功倍的效果。1960—1972 年，在各个公共发展计划下，总共有 5 万多户家庭被拆迁。在处理人口迁移方面，当一块土地的发展计划被批准后，就展开实地的户口调查，以核定受影响的住屋及各类户口总数，也收集家庭情况、职业及收入情况，同时统计他们对农地、组屋、商店的需求，这些资料为拆迁工作提供了参考。对于大规模的拆迁计划，建屋发展局先在受影响地区临近范围内建设组屋，尽量减少受拆迁影响人士的不便。受影响的住家及商店，获得配给组屋及商店的优先权。一般情况下，将受影响的人尽可能分配到靠近他们原来居住的地区。政府也对所有受影响的农作物、池塘、住屋等进行赔偿。

市区重建初期时新加坡刚刚建国，资源十分缺乏，必须集中力量在重点项目上。为了集中所有资源在一个优先的地区，把整个新加坡市中心划分为 19 个地区，面积为 15 ~ 200 英亩（6 万 ~ 80 万平方米）。每个地区的排列都根据发展的优先程序决定，大概的原则是：土地的供应；清除陋屋的可能性；房屋是否太旧，迫切需要重建；可以供建屋发展以及其他公用事业发展与改良；或者能够配合全盘性的重建计划的地段，且在此地段存在通过发展建筑和旅游业带来经济发展的可能性。

由于在这 19 个地区进行重建几乎是不可能的，所以政府采取分步骤的做

法，把中心区分为两头进行，从最北端的和最南端的一区开始，慢慢向最中心发展。通过保留、改良及重建、完全重新发展的思路进行。开始，重建的比例相当大，当逐渐发展到新加坡河畔中央商务区的时候，私人企业的增长率会提升，保留和改良的比重也不断增加，相对减少了政府的压力和工作的强度。

面对专业人员缺乏的问题，只能将有限的人力集中在一个计划和地区，或者公共住屋，或者工业的发展，或者新镇的建设，专业人士都集中在最迫切需要的地区和项目上。

市区重建组协同建屋局其他部门通过征地、拆迁获得了土地，然后到经济发展局和新加坡旅游局等部门，确定这些土地适合做工业还是搞旅游；确定用途之后，就找开发商、投资商和建筑设计公司。特别是通过招标将土地出售给私人开发商，并为他们的开发争取优惠条件和创造良好的政策环境。在一块方圆大约1700英亩，占国土总面积2%的土地上，通过拆迁改造、填海造地，重新塑造了一个崭新的市中心。到20世纪80年代，新加坡中心区的轮廓开始发生变化。商业区最早是在新加坡河口沿岸，之后发展到莱佛士镇一带。市区重建使得商业中心沿乌节路向北发展，形成了倒转的T字形，被称为“乌节路走廊”。配合“金鞋区”、莱佛士坊的重建，逐渐将旅游、购物、办公与金融区和原来的商业区及珊顿道金融中心联系起来，构成新加坡新的商业中心，并以滨海中心为交汇点，与莱佛士镇交相呼应，成为中央商业区两颗璀璨的明珠。今天的商业、金融中心，也基本是沿着这个格局发展的。

强调目标和时间。新加坡建国初期非常关注目标的实现，所谓的实现不是单纯地完成任务，而是必须在规定的时间内完成。比如，早期政府组屋的建设，时间和目标同样重要。如果不是在规定的时间内提前超额完成了公共组屋建设，市区重建也无法快速展开。新加坡人人拥屋的目标，是铁的承诺，82%以上的国人拥有了政府组屋，使新加坡的公共组屋成为区域乃至全世界的代言人。新加坡市区重建的同一时期，许多东南亚国家也制定了市区重建的规划目标，可是直到今天，只有新加坡真正做到了！

遵循变通的原则。在规定时间内完成任务的关键，不仅是质量和美观，还是要找到最合适的方法实现目标。遵循创新、创意、变通的方法，尝试做一切没有做过的事。提供土地给私人开发商就是一个重大突破。可以这样说，没有私人开发商的参与就不会有今天的珊顿大道、金融区、滨海湾中心。莱佛士镇从立项到开工用了 11 年的时间，一个重要的原因是那个时候的资金和技术无法满足工程的质量要求。但是新加坡追求卓越，不急于求成，不断地考察和研究，不断地变通，最终做到最好。

建立法规，依法行事。1966 年的《土地征用法令》修正案，授予新加坡政府更多征用土地的权力，授权政府强制征用出于公共目的所需的私有土地，并对土地所有者提供经济补偿。1969 年出台了《房屋管制（特别规定）法》，在国家发展部公布的区域，允许房东终止租约、收回房屋，为了享受优惠措施，房主必须提交重建计划，申请政府审批。该法令解除了房租控制，激励了中心区的商业发展。1974 年颁布了《市区重建局法》，市区重建局作为国家发展部下属法定机构正式成立，主要任务就是重建中央商业区以及安置受影响的居民。1989 年修订了《市区重建局法》，原有的市区重建局、国家发展部下属的规划署和研究与统计组三者合并成新的市区重建局。

团结协作的精神。一个人是很难做好事情的，团队协作尤为重要。既要强调团队的合作，又要强调对团队的信任。这方面新加坡政府做得非常好，各个部门之间配合默契。起初市区重建部门隶属建屋发展局，后来市区重建部门独立，依然与建屋发展局互相支持，形同一家。当时的公用事业局、公共工程局、经济发展局、环境部、财政部也都互相支持，团结协作。政治领袖对团队充分信任，领袖和执行者之间的密切配合，各职能部门之间的紧密协作体现在各个领域，这是新加坡实现经济腾飞的重要保障。

三、探索实行政府与私人开发商合作

这项大规模的计划需要政府与私人企业各负其责，共同努力。因为，单靠私人企业将遭遇许多难题，而政府在征用土地、迁移住户、重新分配土地等方面能够顺利解决问题。市区重建首先是为了达到社会的目标，因此进行市区重建计划而引起资金的不足必须由社会资金来弥补；其次是为了达到经济的目标，这意味着市区重建将被当作一种增加税收的手段，为一个快速发展的城市提供资金来源；最后是为了达到平衡发展目的，使整个共和国和公民都能享受市区重建的益处。比如，为金融业提供办公场所等。因此，市区重建必须是公私双方联合进行的计划。

圣淘沙的开发和建设就是一个例证。市区重建组于 1966 年重组为市区重建署。1967 年推出售地计划，当时很多人提出质疑：“为什么要把国家的土地售卖给私人开发？”“这些土地能卖出去吗？”“会不会有贪污行为呀？”“打算怎么做呢？”

为此，新加坡设立了一个负责此计划的部长级委员会，由律政部、国家发展部和财政部等相关部门参与，确定招标的条件和标准，该委员会拥有最终的决定权。当时的产业税是 36%，政府研究后决定 20 年内保持 12%。在确保公平竞争的基础上，政府为私人企业参与市区重建提供土地。通过公开招标的方式将土地承包给私人开发商，公平透明；积极安置被拆迁户，一点一滴详细周到，最大限度地满足他们的利益和需要。公开招标采用两种方法，一种是只看地价，另一种是只看设计。但是二者都有弊端，最好的方法是看谁最好地利用了土地并提供了最优秀的设计，再考虑地价和经济的建议。设计的评判交由一个来自政府不同部门官员组成的评判工作小组，所有的设计稿上都匿去设计者名字（如果署名就作废）。直到今天，这个创举还在被新加坡的市区重建局采用。

始于 1967 年的售地计划，吸引大量私人开发商参与市区重建。1969 年，政府出台了新的《房屋管制（特别规定）法》，部分解除了对房租的控制，很好地推动了市中心的商业发展。当时最大的变化是“金鞋区”及珊顿大道，建起了一系列标志性建筑。1967—1989 年，共清理集中出售市区重建局售地计划下的土地 184 公顷，形成 155 个开发项目，使得中心区进一步扩大和发展，成为现代化的金融和商业中心，尤其是乌节路成为重要的旅游和购物区。1980 年，市区重建局在其他政府部门的支持下，为中心区制定了长期综合发展计划，建议在通过填海获得的690公顷土地上建设滨海中心和滨海南区。1983年，又通过售地计划，将滨海中心建设成酒店、购物、办公、住宅、会议中心和娱乐一体化的综合建筑群。至此，新加坡中心区天际线变得更美，现代化建筑和古老市区交相辉映。自1985年《中心区规划》正式形成至1991年概念规划出炉，新加坡今日美丽轮廓就此诞生。

当时的莱佛士书院地处现在政府大厦一带，是新加坡市中心绝佳地段，非常珍贵，计划邀请世界著名的设计公司和私人开发商参与合作开发。

莱佛士城是新加坡规模最大的单一商业地产，各种设施在当时都具有一流的国际水准。其首席设计顾问是美国著名的贝聿铭合股公司。这个项目是在32万平方米的土地上发展共达40万平方米的楼面面积，而建筑物面积只占整个地段的一半，其他土地用来建设道路、人行道及花园绿地。发展莱佛士城意义重大，这个地段是市中心大规模发展的重点，将乌节路的旅游购物和珊顿大道的商业与金融连接起来。因此，拟建设的地铁重点转换站也将设在附近，这就是今天的政府大厦转换站。当时这个项目计划耗资10亿新元，需要5年时间完成。发展商、设计师和规划师用了多年的时间对市场、设计、结构和建筑费等进行了详细的评估，包括研究不同的建筑方法。

在市中心这个小地段上进行建设，受到空间、人力和建筑材料短缺的限制，因此要求建筑工程必须运用最新的建筑概念、建筑材料和技术。该项目是包含酒店、办公楼和购物中心的群体建筑，采用先进的玻璃、金属物和混凝土等最新的建筑材料，是当时新加坡甚至本区域一项独特的发展工程，希望成为建设项目的榜样。莱佛士城呈现了当时最现代的建筑学、城市规划、工艺技术和景观。

1986年，莱佛士城史丹福瑞士酒店被列入《吉尼斯世界纪录大全》，是当时世界最高酒店。直到今天，这一带依然是新加坡最繁华的中心区域和著名地标。

莱佛士城的建设还有一个重要的意义，就是在当时让外国开发商、建筑商尤其是投资商看到了机会、树立了信心，大量的海外开发商和投资商进入新加坡，很好地带动了新加坡的市区重建。

新加坡能够拥有自己的后花园——圣淘沙，首先要感谢的是新加坡政府聘请的荷兰籍经济顾问温思敏博士。圣淘沙是英国殖民政府军事基地，英军撤离后，相关建筑留给了新加坡政府。新加坡政府成立了一个英军基地发展机构，负责英军撤离留下来的产业。当时军方希望用在军事方面，新加坡港务局希望扩展港务，经济发展局主张发展工业，三个机构相互竞争，最后内阁的意见是将圣淘沙交给美国的一家石油公司（埃索石油公司）建设炼油厂。温思敏博士认为，圣淘沙岛离新加坡本岛太近了，建设化工基地害大于利。“这是新加坡的绿肺，有了她，新加坡的呼吸更舒畅！”

四、注重历史保护

市区重建不是一味拆除，一个国家和城市都有它走过的路，有它的特色和历史足迹。建筑是一个城市的语言和文化载体，如果随便拆除，一个城市的文化也将大大逊色。《保护古迹法令》和1989年的《保护计划》指定了受保护的区域，一些历史性地区，如牛车水、小印度、甘榜格南、新加坡河以及一些住宅区及一些从属定居点，被授予保护资格，让今天的新加坡依然拥有历史和文化的经典氛围。

城市重建包括三项内容：保留、更新和重建。这就意味着有一些地区值得保留，需要拟一个计划来改良这些地区，同时设立一个机构来研究有关“保留具有历史和建筑价值的场地，建筑物及纪念物”，这个机构在法律上有权选择、保留、维持、资助发展这些场地、建筑物或纪念物。在城市重建过程中，不是只保留几栋或几处有特色的建筑，而是保留一条街、一个地区的建筑群，这是很不容易的一件事。当时有些屋子已经非常破败了，而且里面住满了劳工和无职业者。政府组织他们迁移出去后不仅修缮了建筑，并且出台了一系列法律条规、实施办法和守则，向社会广泛征求意见，将旧屋一间一间地维修保护下来。市区重建需要大量的连成一片的土地，所以政府对整个街区进行了保留。

20世纪60年代，市区重建组（后升级为重建署）隶属建屋发展局，开始时二者配合默契，随着市区重建的深入，在发展的优先顺序和职责上出现了分歧。建屋发展局的职责是建设更多的政府组屋，有了土地首先是建组屋；市区重建也需要土地，根据国家、社会和私人开发商的需求进行更多的规划建设。这使得市区重建署和上级主管部门建屋发展局产生了分歧。市区重建署必须脱离建屋发展局，成为一个具有独立职责的部门，才能使两个部门都能够健康发展。1974年4月1日，市区重建署正式从建屋发展局分离出来，成为独立部门。要建立一个完全不同的独立的行政部门是很不容易的，尤其是这个建议是由下属机构提出的，可见当时政治领袖们的胸怀。这样，在国家发展部领导下，开启了新加坡市区重建的新纪元。

五、地下空间的开发

历史上新加坡曾采用向高层发展和填海造地来解决土地面积不足问题，自1965年独立后，新加坡通过填海造地使国土陆地面积增长超过1/5。然而，土地开发面临着越来越多来自地理边界、水深限制、海平面上升和环境问题的挑战。据《纽约时报》报道，新加坡许多地面高楼已高达70层，空军基地和机场周边的建筑高度限制令开发商无法把楼盖得更高。由于空间拥挤，已经有数个老庄园和军队营地被关闭，为居住和工业开发腾出空间。在此情况下，开发地下空间成为势在必行的举措。从20世纪80年代开始，新加坡先后建设了地铁、地下商业街、地下车库、地下储存库等一系列地下空间工程，政府甚至在2002年时提出“在地下再建一个新加坡”。

自20世纪80年代开始逐步开发地下空间以来，新加坡目前的地下工程包括商业综合体、地下停车场、交通设施、行人步道、公用基础设施等。新加坡自80年代以来经历了几十年的地下空间开发后，在地下交通方面的指标基本已进入世界前三；岩洞开发与利用方面，除了储存空间位居第一外，其他方面诸如地下工厂、停车场、创新空间、数据中心等与世界前列的城市，如赫尔辛基、香港、首尔等还存在一定差距，总体上是一个地下空间开发比较充分的国家，可以算作是极度拥堵的城市再次开拓空间的典范了。总之，在土地面积极其有限的条件下，新加坡通过城市规划（包括地下空间规划），让人们生活得更加有质量和尊严，与此同时尽可能地保护自然，并使城市自身能形成一个良好的生态闭环。

第六章

让居者有其屋的梦想照进现实

—— 新加坡政府组屋计划实施的经验

居者有其屋计划，是李光耀在新加坡建国之前提出来的。1965 年新加坡建国后，作为执政党的政治领袖，李光耀重点关注的首先是维护国家的政治独立和经济活动，而新加坡当时面临的状况是殖民社会、多元种族、经济式微、严重依赖贸易又极不平衡。为了在一个支离破碎的社会和多元种族的文化基础之上建立国家认同感，树立国家的尊严，李光耀下定决心赋予新加坡一个梦想和支点。

一、居者有其屋计划的推广和实施

公共住宅是新加坡特色的基础设施，公共住宅项目的成功，不仅使人民安居乐业，促进社会稳定和经济增长，而且与整体的国家规划相协同，成为新加坡建国立业的基础和前提。

这在当时是非常大胆的举措。因为，那时发达国家的范例是政府提供租赁住屋给普通国民，而新加坡却要卖屋子给他们。李光耀想到的不只是给国人提供住处，关键是要国人真正拥有自己的家，他们才能够为了自己的利益而捍卫这个国家。

居者有其屋计划清晰地反映了新加坡政府为推进新加坡的发展和繁荣所展现的宏大格局和深谋远虑，尤其体现了李光耀希望建设一个以民本思想为基础的有产社会的理想和情怀。

住房是新加坡的老问题，从 1819 年开埠至 1926 年，基本没有得到任何管理。随着人口的迅速增长，新加坡当局开始尝试对市镇和本岛的住房做出改进，英国殖民政府于 1927 年成立新加坡改良信托局，其目的就是解决住房问题。但是，直至 1959 年执政党上台并于 1960 年设立建屋发展局，30 多年时间里改良信托局一共只建了 32000 间公共住房。

20 世纪 40 年代末，新加坡屋荒严重，当时住屋委员会提交的报告显示，

93.8 万人口中有 72%（也就是 68 万人）居住在中央区，其中 1/3 人口挤在市中心大约 1000 英亩（4 平方千米）的土地范围内。

1959 年，新加坡人口增加至 160 万，而当时的住屋单位，包括私人住屋只有 4 万个，最多也只能容纳 30 万人。屋荒的严重程度可见一斑。人民行动党在上台初始的几个星期内就立法解散了改良信托局，成立了更有活力的机构，处理公共住屋的兴建和管理以及市区重建和其他相关问题。

根据政府所制定的《建屋与发展法》第 27 章，建屋发展局于 1960 年 2 月 1 日成立，作为法定机构，隶属于国家发展部。建屋发展局成立后，立刻对屋荒状况进行快速调查，结果显示，1960 年至 1970 年，新加坡迫切需要的住屋单位是 15 万个，而私人企业只能为高收入和中等收入人士提供 4 万个单位，建屋发展局必须担负起建造 11 万个单位的重任。

面对这样的情况，建屋发展局拟定了两个五年计划：第一个五年计划完成 5 万个单位，第二个五年计划完成 6 万个单位。结果到 1970 年底，建屋局完成了 120669 个单位的组屋和店铺，比预期的目标多出 1 万个单位。

1964 年 2 月 11 日，国家发展部宣布了居者有其屋计划，在计划推行的前 25 年，公共建屋经历了三个重要时期。第一个时期是 20 世纪 60 年代，快速解决屋荒问题；第二个时期是 70 年代，是公共住屋建设的黄金时期，人民对公共住屋的需求达到顶点；第三个时期是 80 年代，公共建屋的黄金年代结束。80 年代末，建屋发展局建造的组屋超过 53 万间，87% 以上的人民住在政府组屋。

不同时期的政策特色使这三个时期的建屋政策不尽相同，主要取决于住屋需求、经济发展及市区重建计划。

第一个时期，屋荒严重，也是新加坡政治动乱的年代，出现了大量的失业人员，工资也特别低，国家工业化进程刚刚启动。政府工艺和财政资源有限，建屋政策是在尽可能短的时间内以尽可能低的成本建造最多的组屋。

第二个时期，政治稳定，经济快速增长，人民生活水平大幅度提高，政府财力提升，大笔款项被用于发展公共组屋。建屋发展局在拟定第三个五年计划（1971—1975 年）时修改了之前的政策。改变早期规定的申请组屋者月收入不得超过 500 新元、合格者 5 人以上的规定，调整至 800 新元，1971 年再提高至

1200 新元，合格者也由 5 人减至 2 人，使更多的人有机会租住和购买政府组屋。登记等候配屋的申请者在 1974 年 2 月达到顶峰，1978 年建屋发展局制定新的建屋计划，以便更周详地策划，满足人民需求。

第三个时期，建屋发展局积极研究新的建筑方法、技术及新的劳工来源。1989 年时任总理李光耀向国家发展部建议动用公款翻新旧组屋，把公共住宅提升到一个新的高度。

二、关于策划概念及理念

公共建屋的策划概念也随历史发展呈现不同特色。初期大部分人在市中心就业，为满足需求、削减成本、方便来往交通，第一批住宅和新镇是沿着市区周围 10 千米范围内的边缘地带兴建的。最早兴建的新镇是女皇镇和大巴窑镇。配合 1971 年概念规划的环状发展概念，组屋逐渐向北面、东面和西北的回廊地带发展。在概念规划蓝图的指导下，建屋发展局将住宅区和新镇协调规划，导入更加完善的新镇策划概念，更加注重组屋质量和营造社区精神。新镇人口 20 万～30 万，根本理念是必须保持可持续性和自给自足。新镇下还有几个层次的组织结构，第一层是小区，人口 1.5 万，居住单位 4000～6000 个，面积 50 公顷。当时卫星镇的概念之下只有小区一个概念，但在实际的操作中这个范围太大了，没有更好的人际关系和社区精神。按照新加坡社会学家蔡明发“地方性社群主义”的理念，最有邻地感的社区单位应该是 700～1000 个居住单位、面积 3～4 公倾，即一个“组团”。每个组团设有一个出口，设置小型儿童乐园或简单的活动区，是卫星镇的基础社区细胞。组团之间由步道和通道相连，内部有活动中心，居民可以在活动中心里见面聊天、沟通感情，既强化了小区居民的归属感，也加强了居民的熟悉度和安全状态，增进了社区的融合与发展。

新加坡 1991 年概念规划被冠以“新的起点”，主旨即是迈向独特卓越的热带城市。1991 年概念规划的主要课题之一，就是把中央区的部分商业活动分散到中央区以外的其他区域次中心，以缓和中央区的压力，同时也确保中央区和其他区域中心的优化互补，建设配套设施完善，更贴近居民生活、更宜居的新镇典范。

1991 年概念规划把以中央商业区为中心的环形加带状发展模式修订为多中心发展模式，更重要的是制定了一个未来发展战略，即新加坡人口在建国 100 年时达到 550 万人。整个规划分三个阶段，即 1991—2000 年、2000—2010 年、2010 年至达到 550 万人口时的年份。这三个时间段是规划的重要节点，为今天新加坡的 550 万人口埋下了伏笔。

1991 年概念规划有个要点，即规划蓝图出台之前，用 4 年时间（1985—1989 年）来算账。首先进行人口预测，包括人口密度、人口发展及生活方式等，根据各方提供的数据，测算产业结构、发展趋势，推算出所需土地的总面积。其次是依据当时计划填海得到的土地面积，算出平均容积率。容积率也不是全国一致，是一个区一个区算出来的。新加坡的优势是独立后 70% 的土地在政府手中，一般的租赁期是 99 年，所以当时规划以 100 年为期限。

一个城市到底应该多大？如何架构？建屋发展局总结了发展和建设新镇积累的经验，认为可以利用卫星城镇的开发，重新架构城市，给旧的城市布局注入新的活力。在这样的基础之上，根据研究和实践经验提出了“城市家族”的崭新概念，并为其注入内涵，即每一个城市，每一个卫星镇，除了重大土地使用，应尽可能满足“城市家族”成员的配套需求，实现自给自足。一方面方便生活，另一方面减少交通频率。

交通与城市规划分不开，但如果只是考虑如何把路布下去，而没有考虑把交通带到土地使用和经济发展及商业运作中，这个规划就不完备，新加坡在这些方面有确实的参考价值。一直以来，以莱佛士码头和乌节路为中心的南部是新加坡最繁华的老城区，商业密集、人口聚集，给交通、环境和旧城区的保护带来很大压力。通过地铁和巴士结合系统，从南部中心向全岛辐射，以减轻中心区的人口压力。在地铁远端的站点和最大的卫星镇，结合卫星镇开发营建区域中心、镇中心，通过商业和服务设施，吸引人流向各个方向离散。这样做的另一个好处是真正实现对老城区的保护，防止过度利用和开发。

新加坡的交通规划受美国公路网和欧洲轨道交通的影响，完美地将交通和土地综合使用结合在一起。新加坡十分重视预先交通规划，将土地综合利用与交通规划相结合是新加坡规划一直坚持的思路和概念。1991 年概念规划采用的是分散性多中心布局，因此交通布局尤为重要。交通规划蓝图设计了一个非常细致的交通网络，将地铁与巴士轻轨结合，有效连接中央商务区和四个区域中心以及市区外围至边缘地带，继续增设和扩大公路干线，对公路进行进一步的层次分级，提升一些公路为准高速公路，同时建设连接新镇的高速公路。准高速公路实际上指的是比一般主干道更具有重要性从而提升速度和车流量的公路，比一般高速公路低，没有立交和进出入口，交叉口保持在 700 ~ 900 米，而一般的主干道，交叉口在 500 米左右。

三、组屋的建设实施

20 世纪 60 年代第一个组屋五年计划下，房型基本是一房式，属于应急性和标准型组屋，楼面净面积 23.5 平方米，最大的组屋是三房式，楼面面积 53 平方米；第二个建屋五年计划下出现了改良式组屋，取代了一房式组屋，有了四房式组屋和五房式组屋，楼面面积达 100 平方米以上；1975 年之后，几乎没有再兴建一房式组屋，1979 年 7 月开始筹建面积达 140 平方米的执行公寓。

建屋发展局不断采取措施，依据大众需求提供新房型。公共住屋的快速发展，随之也出现了分级现象，比如要满足“夹心层”和对住屋有更高需求人士。在 20 世纪 70 年代和 80 年代期间，建屋发展局建立了中等入息公寓作为中等收入家庭可选择的公共住房。在 1974 年至 1987 年十多年的时间内，基本解决了这个问题，1987 年因需求下降而停止中等入息公寓的建设。建屋发展局在后期建设的组屋有了更加明确的分级。

如何在保证建筑施工质量的情况下缩减建筑成本，同时根据大众经济能力和社会政治的可持续性制定组屋定价政策，是政策得以实施的关键。建屋发展局采取了以下两种方法：

其一，以引领世界的顶级日本建筑公司为基础指导，衡量建屋发展局承包商的生产力水平。建屋发展局特别聘请清水建设株式会社，对承包商在新加坡的建筑工程进行详细研究，与建屋发展局分享研究结果和建议，帮助承包商大大提高了工作效率，在提升建筑质量的同时减少了浪费。

其二，实行预制件化。预制件的优点在于同等表面积的情况下，预制件用料更少。鼓励建筑商自己生产预制件，降低成本。也建议根据建屋计划提前购置建筑材料，急用时不会短缺，以削减成本。

居者有其屋计划最重要的概念就是，政府要为老百姓提供买得起的住房，让国民以非常低廉的费用支出成为屋主——这也是建屋发展局面对的最大挑战。

新加坡公共住宅的成功，也得益于成功的组屋管理。建屋发展局在建设组屋的同时，非常注重管理和维护。当时许多发达国家的教训就是政府公共住宅不幸再一次沦为贫民窟。

他们把组屋物业管理的设计规划当作头等大事来抓。不仅致力于通过组屋的设计和设施的完善让公共住宅成为温馨的家园，更致力于通过科学化、机械化、人性化的管理方式，保持组屋区的卫生、清洁、环保、绿化、便捷以及居民和建屋发展局管理层的快速沟通。

建屋发展局物业管理人员在组屋区的视察实行经常一贯制，每周都会召开一次碰头会，一有情况马上反映上来，任何问题都得到及时的纠正和修订。政府也在邻区设立居民委员会，20 世纪 80 年代在 62 个选区设立了 190 个居民委员会，上情下达，快速直接。80 年代初，建屋发展局就研究并引进电脑设备，检测和监督大型设备的误差和问题，对高楼电梯数秒钟之内就会扫描一次。不仅针对设备问题，也包括监督电梯内外发生的各类犯罪问题等。

1964 年政府决定实施居者有其屋计划之前，所有的公共组屋都是出租的，计划推出初始，规定申请组屋全家总收入不得超过 1000 新元，后来逐渐修订，目前是家庭月收入低于 8000 新元。

为了鼓励居者有其屋，所有出租屋的原有租户，获准不必交付第一批按金或符合收入最高额限制，即可购买他们所租住的组屋，建屋发展局分期抵押贷款还款期是 20 年，年利率为 6% 。最初计划推行得不成功，是因为有意买房子的人筹不到相当于售价 20% 的首期付款。1968 年，新加坡修改了中央公积金法令，把缴交率提高。建屋发展局还推出了经过修订的购屋计划，工人可以利用积累的公积金储蓄交付 20% 的首期购屋款额，也可以利用正在缴交的公积金，在20年内按月分期交付购屋贷款。

近些年来，新加坡组屋的价格基本稳定在每平方米4200新元左右，且由于限制购买条件等原因，新组屋价格只有二手组屋的60%左右。新加坡公民一生中可以购买三次组屋，从而使新加坡公民获得了部分房屋增值收益。不符合条件的公民和永久居民可以参与二手组屋交易，外国人只能购买私人住宅。随着经济社会的发展，新加坡又大量建造三居室、四居室和五居室组屋，增加了组屋的舒适程度。需要说明的是，新加坡政府组屋是没有围墙的，小区内的道路和花园对公众开放。甚至有的公立大学也是开放的，从而最大限度地利用了小区道路等公共空间，缓解了交通压力。

目前有超过82%的新加坡人居住在政府组屋之中，部分高收入者和有居留权的外国人购买私有住宅和二手组屋，基本实现了“居者有其屋”的计划目标，增加了新加坡人的获得感。由于政府组屋和商业楼宇供应充足，加上政府灵活有效的调控措施，新加坡土地房屋价格长期保持稳定，维持了城市建设和发展的低成本，增强了新加坡的国家竞争力和比较优势。

在新加坡，“居者有其屋”的政策奇迹，离不开隶属于国家发展部的建屋发展局，离不开有法律保障的政府对土地供给的控制和土地增值归国家所有的制度设计，离不开政府主导无偿划拨土地支持组屋建设，是利用共有产权形式解决房地产市场畸形和调控政策失灵的重要抓手。建屋发展局以低价向中低收入家庭提供组屋，减少了市场大起大落对经济的影响，减缓了社会财富向少数人集聚的速度，从而改善了民生，缓解了社会矛盾。

四、公共组屋的意义和影响

新加坡公共住宅的成功得益于政府的三大承诺：第一，居者有其屋，这是公共住宅计划的核心；第二，为人民提供可以承担得起的住房，并致力于满足各阶层人士，根据不同收入群体，制定不同的政策；第三，为人民提供终身住所，正如李光耀所言，不只是为人民提供住房，组屋将成为一种资产，而使人民终身受益。这三大承诺基础之上的一个最大概念，就是为国人创造温馨美好的家园。政府为此采取了一系列的措施，比如组屋翻新计划、各种购屋优惠计划、津贴计划、靠近自家老人选购组屋享受优先权或津贴，直至2009年启动的“屋契回购”计划，进一步帮助年老的居民套现养老，达到终身受益的目的。公共住屋计划对社区团结、种族和谐也作出了贡献。组屋一开始的设计理念就包含了社区融合的概念，即邻里之间的和睦相融。

新加坡的政府组屋，集合了三类人群居住：不同收入人士的综合居住；拆迁户和城市居民的综合居住；各种族人士的综合居住。这样的一种居住模式，使得拆迁户能够很快地融入城市生活。各阶层的人士互相接触，加强了对对方的了解和接受度。特别是新加坡属于移民国家，由不同种族和宗教的人组成，建设国家的一个重要目标就是建设一个富有凝聚力、和睦共处的社会。

早期，各族人民普遍居住在民族村；组屋政策初期，各族人民普遍杂居；随着转售市场的开放和经济发展，居民不断迁居，建屋发展局发现有种族集聚的趋势，立即展开研究，于1989年出台了种族融合政策（也称为种族分配比率政策），按照种族比率分配住宅，强化了各民族的融合和社会的稳定。新加坡各种族的和谐共处在全世界堪称楷模。

李光耀总理在建屋发展局50周年纪念特刊的献词中这样指出：公共组屋政策，一路以来都是最重要的公共政策。这项政策对我们人民的饮食起居生活和塑造及现在的社会凝聚力起着深远的影响。新加坡建屋成就直到今天依然是全球范围内少有的综合性、多元化、最合理和具远景的典范。政府坚决担起为人民提供建设舒适住屋的责任，在组屋的售价方面以人民的经济承受能力为基础，制定合理的售价，这就需要一部分补贴。政府的政策是在国家预算案中拨出一笔住屋津贴，全面津贴建屋发展局不敷的建屋经费。

政府放宽有关转售、租赁和交换组屋的条件，使居民能够维护传统的家庭关系，在组屋区建立居民委员会，促进邻里和睦与融洽。公共住屋完全改变了新加坡的社会结构，不再按种族和宗教进行区分，各个组屋区房型齐全，类别多元，没有收入明显多寡和阶级之分。

李光耀也曾经指出：“我们将全力以赴达到我们的目标，使每一个公民家庭都拥有自己的家，这是为了政治、社会和安全的理由，只要新加坡保持稳定，有好的行政管理，同时持续发展，一个公民在一间组屋方面的投资，经过几年之后价值必然会增加，增加的比任何其他财产都会多。这已经是被证明了的真理。”

在谈到放宽公积金购屋的政策贡献时，李光耀就说过，假如依靠自愿性储蓄，大多数人民不会成为屋主，不可能兴建一个现代的新加坡。公共住屋计划的成功，的确代表了现代新加坡的历史。

总结组屋发展成功的关键：政府坚决的政策指导、健全的行政结构、充足的建筑材料供应、简单的手续和公平的组屋分配政策，以及有效的人性化规划及建筑设计和组屋住宅区管理，还有无私的奉献精神和团结协作。

第七章

增值发展、创新发展和多元发展

—— 新加坡经济转型和产业升级的经验

哈佛大学研究了100多个国家最近50多年来的国际经验，表明越有知识创新能力的国家，一般人均GDP越高，如美国、芬兰、瑞典等国。知识创新的指标可以量化，包括人均专利数、科研占GDP的比例、科技文章发表数量、科研比例、科研人才占劳动力人口的比例等。

发展经济学理论与实践表明，一个国家或地区的产业发展，基本上都会经历如下三个阶段：劳动密集型产业、资本密集型产业和技术密集型产业。纵观世界经济发展史，工业革命的先驱英国、开展生产力革命的美国、“二战”前后的德国和日本、东西方冷战时期的“亚洲四小龙”、20世纪80年代之后的中国沿海地区（如广东等），都严格遵循这个规律，一步一步走了过来。经济学家发现，因为劳动力成本不断上升，一般的劳动密集型产业发展20年后就要进行产业升级。收入和发展达到一定的水平之后，工资低廉的作用会被弱化和衰减。经济转型和升级并不是一个愿意不愿意的选择题，而是一个不得不迟早要面对的问题。

新加坡经济在务实策略的指导下，不断变化和创新，合理的经济规划引导经济的脚步，蹚过资源贫瘠的险滩，突破经济危机的袭击，穿过金融风暴的阴影，绕过周边地区的竞争，克服一个又一个困难和障碍，一路走上光彩夺目的国际大舞台，最重要的战略体现在三个方面：创建产业、发展基础设施、投资人力资源。今天的新加坡，又走上了科技创新驱动发展的新征程。

一、新加坡产业发展经历五个重要阶段

新加坡的产业发展经历了五个重要的发展阶段，分析这五个不同时期的经济表现，可以深刻理解三大战略如何持续推动了新加坡经济又快又好地发展。

（一）20世纪60年代，以劳动密集型产业为主导

新加坡早期是一个殖民地海港，1959年从英国取得自治，面对强大经济压

力。“二战”之后，许多流离失所的人回到新加坡，无业人口迅速增加，战争和殖民导致受教育人口严重不足，尤其是英军撤退以后，许多人失去工作。

当时有工作的人里大部分是繁重苦力，从事的是劳动强度大的造船、装卸、建筑、采矿等危险行业。一些人虽然选择小商贩或餐饮咖啡店等商业经营，生意小、行业不稳定，经营风险大。1961 年新加坡成立经济发展局的主要目的就是规划协调新加坡工业化建设。经济发展局属于政府职能部门，最先采用的经济政策是集中发展劳动密集型产业，解决严重就业问题。

1965 年新加坡独立，政府把解决就业和住房当作头等大事，注重技术培训，创造就业机会。为了满足高科技产业所需要的特定劳动力，新加坡经济发展局与日本、德国以及法国政府共同设立了技术机构，不断提高劳动力的技能和知识水平，比如与法国联办法新研究中心、与德国联办德新研究中心、与日本联办日新学院，专门从事技能专业培训，使培训过的新加坡人能够胜任电子以及工程领域的专门工作。教育部以平均每年占 3.5% 生产总值的经费，来提高国民教育素质。教育开支比英美日韩高，教育部的开支一直约占政府总开支的 20%。

首先建设的是裕廊工业园区，这是新加坡踏上工业化建设的第一步。1962 年新加坡大众钢铁有限公司成立，是第一家设在裕廊工业区的制造业。杨烈国先生说，当时的发展缓慢而艰辛，直到建屋发展局制定裕廊镇发展规划之后，发展才走上正轨。新加坡政府首个城市规划蓝图，就确定了裕廊镇的地铁和公路网，包括依据人口的增长建设政府组屋，工业区和新镇发展同步进行。

（二）20 世纪 70 年代，以技能密集型产业为主导

建屋发展局于 1960 年成立之后，在第一个五年计划时期内就完成了 5 万间组屋，快速解决了住房短缺问题。20 世纪 70 年代启动工业化进程，创造大量就业岗位，通过培训，显著提高了劳动力技能。当时的工业策略是发展电子和能源工业，制造业开始向技能密集型转变，逐渐从过去的服装、纺织品、玩具等转向电子产品和硅片生产等高端领域。天然气、石油及与能源相关的行业蓬勃发展，成为推动经济增长的驱动力。

正如李光耀总理所言，新加坡没有经济腹地，要把全世界当作腹地。政府认识到，狭小的国内市场无法支撑新型工业经济体的持续发展。20 世纪 70 年代，新加坡开始关注出口业，把工业领域重心放在出口产品上。作为全球市场的参与者，也采取积极的模式吸引外资。在独立初始的那几年，新加坡为经济的尝试和发展做出了巨大的努力。

有两个重点值得关注：首先，将新加坡定位为全球商业枢纽，能够为投资公司的整个价值链提供全方位服务。其次，利用优惠政策吸引跨国公司在新加坡开办制造厂和研发中心。1969 年，德州仪器成为首个在新加坡开办工厂的跨国公司。它主要生产半导体和集成电路，是协同推进新加坡电子行业发展过程中的主要亮点。

20 世纪 70 年代，一部分跨国公司陆续进入新加坡，如美国惠普、欧洲的 SGS（今天的 ST Microelectronics）以及日本的日本电气公司（NEC）。另外，外国的能源公司在新加坡建立炼油厂。壳牌和美孚的投资行为不仅为新加坡带来了购置资本设备所需要的外国投资，使新加坡政府将国家资金分配至公共基础设施项目如住房及公用设施，同时为新加坡带来了管理方面的先进知识和技术。电子和能源工业加快了新加坡的工业化进程，创造了大量的就业岗位。70 年代是新加坡经济发展非常重要的一个时期，奠定了新加坡经济发展的基础，确立了工业发展选择的主要思路和经济发展的大方向，即朝向制造业和高附加值产业发展，制造业的经济比重在这个时期超越贸易业并持续提高。

这个时期，政府的住房建设迅猛发展，教育和经济领域也推出一系列大胆务实的政策。1971 年概念规划加快了新加坡基础设施建设，城市规划日新月异，特别是开展新加坡河的清理工作，为新加坡新型经济发展开辟了道路和前景，手工修造船业和污染严重的行业得到治理。无论是经济还是城市面貌、人民生活素质都发生了巨大改变，新加坡迅速从第三世界脱颖而出。

（三）20 世纪 80 年代，以资本密集型产业为主导

20 世纪 80 年代显著的经济动力就是第二次工业革命，核心主旨是把新加坡转变成为资本密集型工业体。新加坡政府逐渐认识到发展高清洁、高附加值

产业的重要和必然性，实施了第一轮加薪政策，避开了70年代末至80年代初全球经济的不景气。然而，到1985年，受全球经济持续衰退的影响和拖累，公司开始倒闭，失业率上升，经济萎靡，生产力下滑。新加坡面临着建国以来最严重的经济问题。

1985年，新加坡的公共住宅计划顺利完成，已经完全解决住房问题，没有一家贫民窟。国家基础设施建设良好，樟宜机场运营频传捷报，成为区域最佳机场。地铁即将通车，高速公路网四通八达，为新加坡的经济发展铺平了道路。

1986年，经济发展局的工作重点是通过促进经济多元化发展，扭转经济衰退局面，并使新加坡经济在未来的危机面前具有更强的抗逆力。在这次经济振兴过程中，新加坡政府重新确定了能使新加坡在下一个发展阶段占有更大竞争优势的战略增长领域，其中一项经济发展战略是将新加坡定位为一个“全球商务中心”，通过有效结合工业生产和技术专长，建立业务合作关系，并吸引金融、教育、生活时尚、医疗、信息技术和软件行业的国际服务公司。

1986—1988年，新加坡的就业率达到了100%。1988年，政府引进劳工税，劳动力出现短缺。新加坡的经济转向资本密集型，建立了全球商务中心，需要将劳动密集型产业迁往一个偏僻的地方。新加坡和巴淡岛一水之隔，当时巴淡岛确实很落后，但是巴淡岛有大量闲置的土地和劳动力，有大型蓄水池，这对发展工业很重要，可以自己发电，以供工业之需。1990年2月28日项目破土动工，巴淡岛成了新加坡开发海外工业园的典范，为后来开发建设其他海外工业园提供了宝贵的经验，直接指导了中国苏州工业园的成功运作。

（四）20世纪90年代，以科技密集型产业为主导

到了20世纪90年代，新加坡工业转向以化学、电子和工程领域的高附加值科学技术和研发创新成果为基础的工业现代化建设，以科技密集型为主要特征。

新加坡首项关键举措是在1991年成立国家科学技术局，取代1967年成立的科学委员会。以培育并促进研发活动，帮助建立科研院所并协调其科研活动、分配科研经费、评估科技领域的人力需求、组织与国外科研机构建立合作关系

为己任。同年推出总投资额高达20亿美元，为期五年的国家科技计划。该计划的宗旨即营造新加坡的科技发展氛围，促进研发活动与投资。新加坡首个国家科技计划实施后的25年间，新加坡政府又陆续实施了四个科技计划，使得科研经费支出占GDP的比重从1990年的0.8%稳步增长到了2009年的2.3%。到2015年，这一比重增至GDP的3.5%。

20世纪90年代，新加坡政府的战略重点还包括通过建设商业园，提高外国跨国公司和本土公司的研发能力。1992年启动的裕廊东国际商业园建设项目，极力为知识型企业的孵化与发展提供配套设施和服务。五年后，坐落于樟宜南的樟宜商业园吸引了一大批高科技企业、数据和软件企业以及研发机构。这些商业园和80年代初期启动并建成的新加坡科学园，成为新加坡国内基础设施建设的一部分，促进了研发活动，支持了新兴高新技术产业，通过雇用技术工人提升了人力资源水平。随后新加坡首个专门吸引环保可持续产业的生态商业园——洁净科技园也在2012年成功启动，充分显示商业园未来的建设仍面临着新机遇。

以下三个关键战略确定了新加坡产业转型的发展进程。

首先，每个十年的产业升级都是对过去十年生产增值产品的一次尝试。这可能会产生技术升级、资源利用、效率提高、科技能力增强等形式的增值结果。

其次，实现质的飞跃的核心在于创新——企业进入新兴产业的创新意志，为新加坡经济开辟了巨大的发展空间。

最后，每次成功的创新都为市场引入了新的产品，从而进一步促进各产业间的横向多元发展。

因此，增值发展、创新发展和多元发展，概括了新加坡经济规划在过去50年间，从低成本劳动力密集型发展模式转变为高附加值知识密集型发展模式的演变历程。

（五）21世纪初至今，以知识与创新密集型产业为主导

21世纪前十年是新加坡经济向知识与创新密集型发展模式转型的关键时期。

2001 年，新加坡国家科技局工作重心放在以下两个关键领域：生物医学研究和人力资源开发。这一年政府将国家科技局改组为新加坡科技研究局，承担促进国家整体研发实力提升和人力资源开发等特殊使命，将新加坡转变为一个能够吸引高技能人才的创新中心，焦点转移到提升研发活动和人力资本的经济潜力上来。这股推动发展创新产业的潮流趋势，通过向国际和国内市场输入新技术、新产品和服务，促进了新加坡经济的多元化发展。

2013 年，新加坡的国内生产总值达到 3730 亿新元，其中服务生产行业（如批发和零售贸易、商业服务业、金融保险业）的贡献值超过 70%，而商品生产行业（如制造业、建筑业、公用事业）的比重仅为 25%。在商品生产行业中，制造业（包括化工、电子、精密工程、交通工程和生物医学等领域）在 2013 年占到 GDP 总量的 19%，这表明高科技、高知识含量已经成为当今制造业的本质特征。例如，诞生一系列复杂知识和精确应用的生物医药产业集群已成为新加坡经济发展的一个新支柱。2013 年，生物医药产业集群占到新加坡国内生产总值的 8.2%，增长率达到 20.5%。生物医学集群的两个主要领域分别是医药和医疗技术。通过在新加坡西端实施填海工程而建立起来的大士生物医药园使医药制造投资成为可能。截至 2013 年，医药园已吸引到世界前十大制药公司中的 7 家，包括 29 个商业规模的制造工厂，产品涉及活性药物成分、生物制品、细胞治疗和营养素。医疗技术领域目前包括 30 个制造工厂，拥有超过 1 万名员工，并在新加坡建立了 6 处研发中心。通过种子基金等融资平台，或根据生物医学倡议与战略合作伙伴联合投资等方式，将科研成果从“试验台”（实验室研究）转移到“病床边”（临床应用），实现生物医学科研成果的商品化。

新加坡产业创新发展策略的每一步都恰到好处地踩在时代的脉搏上，产业创建既符合新加坡现实，又顺应了全球经济趋势，是务实主义的经典案例。

二、打造战略投资集约化产业园区

在今天的网络化城市格局中，高效的基础设施系统是城市现代化建设和经济发展的关键要素之一。新加坡过去几十年间在提供和投资硬件设施方面的不懈努力，不仅帮助促进了一批新产业的诞生，拓宽并巩固了国家经济基础，还使城市景观发生了变化，促进了土地的合理利用和分配。裕廊岛和纬壹科技城对新加坡经济发展产生了积极的影响。

（一）裕廊岛，垂直整合产业链

裕廊岛的前身是新加坡西南部外海的 7 个小岛：亚逸查湾岛、亚逸美宝岛、梅里茂岛、北塞岛、巴高岛、沙克拉岛和西拉耶岛。20 世纪 60 年代，新加坡炼油公司和美孚石油公司分别在亚逸查湾岛、梅里茂岛和北塞岛设立了炼油厂。政府批准了 70 亿新元预算，期望通过填海造地工程把 7 个小岛合并成一个 3000 公顷（宏茂桥组屋区面积的一倍）的大岛。但此时却有一项挑战摆在经济发展局面前：如何使潜在投资者看好一个尚在蓝图规划阶段，且需通过填海造地工程建设的规划新区呢？虽然一开始存在这样的疑虑，但当一家接一家公司在裕廊岛设立分厂后，这些疑虑便消失了，新加坡坚定无畏地履行这个计划的信誉成为最大的优势。

当时以“即插即用”发展模式为基础，逐渐形成了一个垂直整合结构，可容纳石油化工的各个环节（炼油厂、裂化设施、气体合成、石化产品和特种化学品），构成了完整的石油产业链。同时，一个拥有配套基础设施的服务区迅速崛起，不仅简化了进驻企业和机构的后勤体系，还为它们之间展开合作提供了可能。

截至 2000 年正式启用时，已经有 60 家公司在裕廊岛投资了 200 多亿新元。今天，裕廊岛的规模经济效应已经吸引了 100 多家公司，投资总额超过 470 亿新元。裕廊岛的成功，给了新加坡政府极大鼓舞，政府于 2010 年宣布了裕廊岛的下一发展阶段——“裕廊岛 2.0”计划。

“裕廊岛 2.0”计划是一个历时十年的总体蓝图，重点聚焦五大核心方面（能源、物流与交通、燃料选择、环境和水源），旨在推动可持续性创新的同时，提升新加坡石油化工产业的竞争力和促进研发活动。裕廊岛的产业集群不仅为蓬勃发展的石油化工业提供了支持，使得在这里投资建厂的各家公司能够分担成本和发展协作关系，还优化了新加坡本岛的土地利用，以用于发展其他一些同样为新加坡的经济生产、增长和繁荣作出重要贡献的产业部门。

（二）纬壹科技城是自我维持生态系统

站在启汇园高高的楼顶，朝四面望过去，鳞次栉比的高楼层层叠叠，靠近西海岸的一边是正在建设中的号称“新加坡硅谷”的媒体工业园。纬壹科技城坐落在新加坡中央商业区以西7千米处，占地200公顷，云集了许多代表当今科技发展最高水平的高科技公司，涵盖生物医学、信息与通信技术和媒体产业等多个领域。

新加坡将文化艺术的概念引进工业园、科技园、商业园、住宅区等是一个创举，将科技城融入文化艺术，为新加坡科技领域创造了崭新的形象。当时美国麻省理工学院建筑与策划学院院长米歇尔说：科技追求结合居住、工作等多元素为一体的概念，其实是一种复兴，但也是大胆的做法。其实，工业化之前，这些元素是在一起的，工业化后，污染、土地、交通等因素导致了它们的分割，随着新经济的到来，许多方面都需要回到多元集合的生活景况，塑造新的经济天堂。

将纬壹科技城发展成为一个结合工作、住、行和学习的环境，也有利于展开研究和开发。“纬壹”的概念最早产生于裕廊集团，他们是“纬壹”的地主、发展商和总体规划师。当时，裕廊集团的主席林梁长先生，请陈振南博士担任国际咨询顾问团的主席，检讨“纬壹”的总体规划，特别注重发展方向，要做到使“纬壹”成为一个能够工作、生活、娱乐、学习的地方，配套基础设施不仅包括实验楼、办公楼、商业空间，还包括教育机构、住宅、商场和休闲娱乐设施，打造无缝工作—生活—学习—娱乐空间。

项目于2001年启动，当时规划为新一代科技园创新项目，期望凭借该战略手段，利用新兴科技产业的经济潜力，以知识和创新密集型活动为基础，强调协作和灵活性，为重塑21世纪工作和劳动力技能的格局铺平道路。

纬壹科技城内拥有三个新兴产业中心，分别是启奥生物医药园（Biopolis）、启汇园和媒体工业园，目前被认为是孕育新加坡的新一轮知识生产和创新的摇篮。

启奥生物医药园的建成实现了新加坡在纬壹科技城建立生物医疗研究中心的愿景。园区内共有七栋建筑，可供生物医疗行业的众多知名公司在此进行临床开发、医疗技术研究等研发活动。

启汇园是占地30公顷的信息与通信技术中心。分五期建设的启汇园将和这里先进的配套设施一起，为不断扩大的信息、通信和技术产业提供一个良好的发展空间，包括物理科学和工程学等互补学科的产业。

媒体工业园是园区内最新落成的一个园区，它是在媒体行业蓬勃发展的背景下应运而生的。内容开发、交互式数字媒体制作以及配套的媒体服务是媒体工业园将要开展的一些活动。

虽然纬壹科技城内的许多竣工建筑已经过最优规划，且可以投入使用，但纬壹科技城的总体规划预计将于2040年全面实施，届时将为高附加值科技产品生产提供200多万平方米的广阔空间。

投资建设世界一流的基础设施和研发中心（如纬壹科技城），有助于在城市边缘地带形成一个充满活力的地域空间。而这种地域空间不仅能提高新加坡本土产业的产值，还能够吸引并培养一批高技术工人和创新型人才。毕竟，产业创建是由人主导的，这种软件资源是推动经济发展不可或缺的要素，没有软件要素，经济增长与发展将无从谈起。因此，投资提高人力资源水平与投资建设国家的基础设施同等重要，甚至更加重要。

三、重视人才资源投资与系统开发

对于一个没有任何自然资源的国家来说，不断提升人力资源水平，并将其建立为自身的竞争优势，显得尤为重要。2001年，新加坡政府出资设立国家科学奖学金，为致力于科学研究的青年科学家们创建一个平台，使他们通过教育和就业不断取得研究领域的进步。国家科学奖学金通过向拥有本科到博士学历的学术专才提供研究经费，帮助国家最出色、最有前途的青年不断勇攀科研高峰。国家科学奖学金赞助的学者毕业后，将在新加坡科技研究局工作五到六年的时间，以便在学习的过程中逐渐融入新加坡科学界，并最终为新加坡科学发展作出贡献。新加坡国家科学奖学金自成立以来，已赞助了超过1300位拥有博士学位的本地学者。这些学者如今担任着产业界、学术界和管理界的不同职位，已成为新加坡知识分子。

国家科学奖学金也吸引了来自海外的学生，如中国、印度、越南、马来西亚、印度尼西亚等。此外，新加坡每年选送100多名学生去世界顶级的大学接受教育，不仅要将他们培养成科学家，更要将他们培养成未来的领袖，进而使他们成为经济建设的坚实力量，共同塑造新加坡科学与技术的未来。截至目前已经有1300多名学生学成后回到新加坡。

国家需要科学家来参与管理。在研发和人才资本双管齐下的人力资源战略中，建设一支有能力、有抱负的青年科学家队伍仅仅是其中的一条实施途径。此外还有一条实施途径，即吸引国际知名科学家来新加坡发展，并引领各自研究领域的前沿和创新研究。科学界领袖人物的存在，对于新加坡而言可谓一举两得。

首先，作为备受尊敬的泰山北斗级人物，这些顶尖科学家拥有宝贵的海外人脉——他们在新加坡开展的科研工作不仅有助于提升新加坡的科研实力，还能充分发挥他们的人脉优势。

其次，作为各自科学领域的专家，这些科学家拥有丰富的工作经验，能够建立并管理新加坡政府全额拨款的研究机构和实验室。这些研究机构和实验室不仅会成为下一代科学家就业和学习的地方，还会成为知识和创新的中心。

人力资源投资可使个体劳动力掌握专业技能，获得经济独立，提升社会地位，从而推动整个社会向更高水平发展。事实上，从20世纪60年代摆脱贫困到21世纪初，新加坡只用了两代人的时间便实现了飞跃，成为国际化都市。随着新加坡经济的日益繁荣、人们受教育水平的日益提高以及提升自身社会阶层意愿的日益增强，市场需要满足人们对更多样化产品和服务的需求，这种需求反过来将在多个产业领域创造更多就业岗位，无论是制造业和服务业领域，还是研发和知识创新领域。

技术专长、创新能力、善治良政、融资机会，将共同营造出一个良好的创业环境，培育富有开创精神的创新者，为初创企业提供成长为全球性品牌所需的资源，是针对人力资源开发和创意投资的一项战略举措。充满活力的创业浪潮通过方法创新和流程创新催生新业务，创造新的就业岗位，刺激竞争，提高生产力，从而使一个国家经济持续健康发展。

四、走向世界开辟小国经济未来

新加坡在短短50年的时间里实现了经济的飞跃式发展。然而，这样的经济发展成就，也引发了人们对于这种经济增长速度在未来几十年走向问题的思考。在过去50年间，新加坡已经通过识别和确立新兴产业、审查和更新政策法规以及协调和实施发展战略为新加坡未来的经济发展铺平了道路。

新加坡有能力在一个稳健、可持续、充满活力的经济基础上，创造一个更美好的未来，这是新加坡一直以来的竞争优势。这种竞争优势已使新加坡这样一个没有腹地、没有任何自然资源的小国登上全球竞争舞台，与面积更大的发达国家同台竞技。

取得这样的经济增长成就的核心在于认识到在劳动力队伍里培养并保留人才的重要性，而所谓人才是指那些不仅掌握了工作所需的专业知识和技能，而且富有激情、勇于承担风险、坚持不懈为新加坡更美好的明天做出积极贡献的人。

事实上，新加坡在自然资源方面的匮乏反而促使新加坡在工业和知识创新等经济领域取得积极的成果。建设世界一流的基础设施（硬件方面），为产业发展提供支持，以及投资建设优质人才队伍（软件方面），为产业发展提供劳动力资源，是助力新加坡经济整体向前发展的两大引擎。

新加坡的人口和城市景观会随着时间的推移而改变，这一点不可否认。但在新加坡的社会形态和空间布局演变的过程中，经济规划的硬件和软件构成，无须与这些潮流趋势抗衡。相反，经济规划的硬件和软件构成，应被看作新加坡作为全球化大都市，在未来不断取得社会进步和经济繁荣的基石。

新加坡在经济规划的多个方面创造和积累了一系列专业知识与技能。如今，这些宝贵知识与技能已经成为新加坡的竞争优势。新加坡地处马来族群的包围圈中，唯有处理好与邻国的关系才能更好地发展本国经济。因此，新加坡主动利用自身资金和技术等方面的优势，与其他国家开展经济合作，比如，与马来西亚一起在马来西亚海域开发油气田项目；与印度尼西亚共同开发巴丹岛；与中国、越南、非洲国家等共同开发各种工业园、科技园等。在当代经济格局中，合作才能实现共赢，新加坡深谙此道，新加坡经济也因此得以保持长久活力。近年来，新加坡政府还在知识交流和创业方面同中国苏州、天津，越南、印度、印度尼西亚等工业园建立了国际合作伙伴关系，这些合作计划包括巴淡岛工业园（印度尼西亚）、苏州工业园（中国）、无锡新加坡工业园（中国）、广义工业园（越南）以及安得拉邦（印度）新首府项目。

对标新加坡
建设自贸港

第八章

大数据插上腾飞的翅膀

——新加坡知识化信息化与文化艺术比翼双飞

任何一个国家的某一工业，若具有国际竞争能力，必须先拥有四大先决条件：生产因素、市场需求、辅助工业、个别公司的策略结构和竞争能力。

——迈克尔·波特，《竞争优势》

我们是工具制造商，我们制造的电脑，可以让我们变得像秃鹰一样高效。

——乔布斯，苹果公司创始人

新加坡经济成功，很重要的一条就是重视资讯科技的应用和发展，从理论到实践，形成庞大的资讯科技产业链，为人民生活和更为高速的经济增长做出了贡献。

一、把信息化发展作为全民共享的国策

从20世纪80年代初，政府提出全国电脑化的口号，到90年代提出建设智慧岛，再到21世纪初的建设智慧国的实际构想和愿景，30多年以来，新加坡政府通过建立机构、制定策略、强力推进、不断创新，将最初的一项经济政策上升为基本国策。1980年，政府果断作出决定，进行第二次工业革命，向高效能和高增值工业与服务业进军，国家经济政策转向资本密集型。促进和发展电脑服务业成为国家经济重组计划的一个重要组成部分。

调查显示，新加坡在当时所进行的资讯科技投资中，取得了1.17倍的收益，特别是私人企业树立了积极的典范，电脑局开创的多项计划都已经接近世界级水平。比如新加坡港务局的船只策划专家系统（PORTNET系统），使得港务局成为世界第一个应用这种系统操作的海港；学校联系系统，提供全国性网络，全面联系教育部的学校；尤其是贸易网络，是第一个提供国际性贸易文件处理的全国性电子数据交换系统。政府公共服务部门被用来作为推进资讯科技的试验场。政府平均每投资1新元，就可以获得2.71新元的收益，这些投资在

当时为政府节省了5000个职位。政府部门中的23个电脑中心，已经连成一个网络，为人们提供不间断的全方位服务。在民事服务电脑化计划下，到1989年，电脑局为新加坡政府部门装置了193个电脑系统，使新加坡成为全球政府部门电脑化策略的领先者。

（一）成立全国电脑化委员会

1980年3月，吴作栋部长委托时任教育部政务次长的陈庆炎博士组成全国电脑化委员会，针对政府如何把新加坡发展为电脑软件发展与软件区域服务中心的问题，展开调查并提出报告。政府委任了七人委员会，陈庆炎博士出任主席，召集当时参与电脑服务的有关人士、政府部门与法定机构的高级官员，设立两个小组委员会，一个是技术委员会，就电脑与数据处理工艺的技术问题向本委员会提供建议和支持；另一个是担负这项特殊任务的小组委员会，制定实施计划，加快公务部门的电脑化。

委员会特地成立民事服务电脑化组，研究和协助民事服务的电脑化，以便取得更佳的生产力和行政效率，同时研究如何分配各部门的电脑能力和资源。这个小组分别到各个政府部门展开6～8个月的调查，以确定不同部门对电脑的需求和用途，最终形成一份民事服务电脑化策略性调查报告。

（二）成立国家电脑局

成立国家电脑局的主要目的在于推行民事服务电脑计划。财政部于1981年5月，正式批准国家电脑局民事服务电脑化计划；5月中旬，筹备工作已经展开；7月，国家电脑局法案提呈给国会，一个月内获得国会批准；9月1日，国家电脑局正式成立。

国家电脑局确定了三项主要任务：一是执行全国电脑委员会建议，全面推动政府部门的电脑化。二是汇集公共和私人机构的资源，鼓励、促进、协助和提供设备，以尽快使新加坡成为电脑服务区域中心。三是通过专业考试局鉴定，以确保新加坡电脑教育和训练标准。

当时电脑局的主要目标是创造和发展本地的电脑工业部门，使新加坡在五年或十年内输出电脑服务。为了顺利开展工作，电脑局设立了三个委员会：一是民事服务电脑化委员会，推动政府部门电脑化事项。二是电脑教育与训练委员会，推动电脑教育和训练，并确立全国标准。三是促进电脑工业委员会，专职研究如何促进电脑工业，引进更多软件公司并加以输出。1982 年 10 月，设立核心管理小组，由七位专业人才组成。

20 世纪 80 年代末，国家电脑局重新调整了两个基本宗旨，即把新加坡发展成为世界级资讯科技开发者与资讯科技产品和服务的提供者，把新加坡转型为一个以制造业和服务业为双引擎的环球商业城市。

（三）注重人才培养和标准化管理

电脑化初期的 1980 年，新加坡只有 800 名电脑专才，到 1984 年已经有 3000 多名。

1983 年 9 月，政府成立全国性的电脑辅助设计与制造训练委员会，将电脑辅助设计与制造列入新加坡高等学府课程。课程分成四个标准，从最基本至专业化训练。

电脑辅助设计、绘图与制造，对专业工程师、建筑师及技术人员的工作方式有深远影响，使新加坡迅速进入一个工业高度自动化的时代，大大提高了企业的生产力。

当时软件研究与发展成为电脑业主要投资，但单靠训练课程有些技术无法传授，必须进行实用性研究。技能发展基金实行了一项新的援助计划（INTECH 主动发展新科技），由经济发展局负责执行，从事新一代电脑程式语言的设计和发展。

（四）资讯科技总计划

1986 年 12 月，时任贸工部代理部长李显龙宣布全国资讯科技总计划，确保新加坡接下来的经济发展更好地利用资讯科技，提高国际竞争力。

全国资讯科技总计划中，国家电脑局在公共部门方面扮演主要领导角色，需完成下列目标：一是将新加坡资讯工业发展成为一个强大的以出口为主的工业；二是推广和鼓励更多人使用资讯科技；三是建设所需要的基本设施以支持全国资讯科技的进展，探讨资讯科技以提高每一个行业的生产力及竞争优势。相关策略主要包括七项：资讯科技的人力资源、文化、应用、工业、资讯通信基础设施、创新与创业的风气和协调与合作。陈庆炎博士特别强调协调与合作，他说，全国资讯科技计划的成功，主要取决于私人机构与公共部门的共同合作。国家电脑局制定制度，通过统一协调资讯基础设施、资讯科技工业、研究与发展、资讯科技人力资源与文化等方面，最终目的使新加坡加速成为一个先进的资讯社会。

1987 年 10 月，国家电脑局设立知识工程资源中心，其目的有：一是为本地软件工程师提供知识工程方面的技术训练，培养更多的本地软件工程师；二是提供咨询协助，领导软件工程师与专门的软件用户合作；三是提供发展知识系统所需要的软件与硬件设备。

当时世界上只有三个同类中心，另外两个分别设在西班牙和英国。一个由厂商推动，另一个由科技人员推动，可见新加坡推动资讯科技的远见与魄力。

（五）民事服务电脑化

当时民事服务电脑化的目标是利用电脑功能提高公共政策的效率。这个计划在全国电脑化过程中一直扮演着重要角色，反映了新加坡政府实行电脑化和把新加坡发展成为一个软件中心的决心和意志。

新加坡公共机构是一个庞大的组织，包括 16 个政府部门，电脑局成立以后即获得财政部的拨款及援助。在三到五年内，政府投资 1 亿新元来推行民事电脑服务计划，同时设立了一个专业考试局。国家电脑局制定了民事服务电脑化应用发展过程中的工程管理软件标准、品质控制标准、审计与保安措施，也实行训练计划，将新的电脑人员分配到不同的电脑部门，让他们在具有经验的电脑专业人士引导下，迅速掌握程序设计与系统分析技巧。当时最重要的一项工程就是成立“民事服务咨询网工作委员会”，主要任务是提供基本设施，方便综合资讯在民事服务范围内的流通，有效地将电脑与电子通信科技结合起来，最终达到办公自动化。

1986 年 12 月，国家电脑局拟定一项长期计划，实现全国普遍使用资讯科技的目标。当时列出了十项政策，实际上是民事电脑化服务的一张新蓝图，目的是进一步利用资讯科技重振国内经济，实现 20 世纪 90 年代建设美好新加坡的愿景。

民事服务电脑化的结果，对公众的影响是间接的，对政府部门的行政行为却有直接影响。当然，中央公积金局、建屋发展局、邮政储蓄银行 POSB 的电脑化，为更广大的公众带来了直接的影响，如婚姻注册、车辆注册和贸易资料的电脑化；教育部也为学生装置了微型电脑，对公众和学生产生重要的影响。

一是了解资讯科技的使命，让民事服务电脑化计划的工作人员了解、应用资讯科技，是为了实现民事服务的目标，而不只是为了提高行政效率。

二是扩大资讯科技领域，鼓励民事服务从成熟科技中获取最大利益并尽可能地利用新科技制造每一个机会。

三是冒险主义，也就是鼓励公务员在使用资讯科技时敢于创新。

四是系统结合，通过电脑系统的互相联系分享资讯资源，使得公众人士可以通过简单的链接与民事服务的资讯系统相连接。

五是资讯科技文明，增强人们对资讯科技的意识与了解，消除他们对科技的恐惧。

六是合作的伙伴关系，各政府部门之间建立更密切的合作关系，找出一个连接整个民事服务的资讯系统，并加以发展和推广，以方便公众人士。

七是资讯传达设施，提供设施协助，结合各政府部门的资讯系统，让公众方便与政府各部门取得联系。

八是卓越的专业水准，必须维持及提高专业水准，使民事服务在民事服务电脑计划中拥有优良的系统及设备。

九是为资讯科技工业提供机会，协助资讯科技工业巩固专门知识，为私营企业提供更多参与民事服务电脑化计划的机会，提高出口能力。

十是民事服务电脑化计划的贡献，利用民事服务电脑化计划的优点，为新加坡的繁荣与进步做出贡献。

这项计划还有一个显著特点就是赋予民事服务一项新任务：为私营企业创造适当的条件，使其成为经济增长的火车头。

（六）小型企业电脑化计划

1986 年 12 月，经济发展局出台了一个“小型企业电脑化计划”，专门协助本地小型企业实行电脑化，这是全国资讯科技总计划下科技应用的行动计划，包括三大目标：鼓励本地小型企业探讨资讯科技，并以资讯科技作为策略性工具，提升竞争力；为实现电脑化的小型企业提供顾问人员，协助整个计划的进行；创造各种机会，让本地软件和咨询机构学习和获得发展软件的专门知识。

小型企业可以利用这项计划提供的咨询、贷款、专家服务等，有效地实行电脑化。小型企业电脑化计划，是国家积极推广资讯科技的关键，将新加坡的资讯科技推向了一个新阶段。

当时，新加坡采用四大做法协助私营企业使用资讯科技：一是从同行业着手，找出利用资讯科技的机会；二是协助资讯科技教育和资讯传播计划；三是为公司提供财务与技术援助；四是积极地与各商会合作，鼓励企业使用资讯科技。陈庆炎博士说，计划分两个阶段进行，第一个阶段派遣电脑顾问到实施电脑化计划的小型企业，了解需求并帮助其设计电脑系统，第二个阶段帮助标的合约的软件制作公司装置电脑系统。

资讯科技不但可以用来提高公司和企业的生产力，还可以加强国家的竞争力。1986 年，私人企业界的 7 万家公司经济增值总额达到国内生产总值的 3/4。电脑局通过教育增强尚未采用资讯科技的公司的意识，协助它们尽快实施电脑化计划。电脑局也协助资讯科技基础设施的策划与贯彻，方便企业对外联系与协作，大大提高了这些公司及有关行业的竞争力。在 20 世纪 90 年代初，新加坡的资讯科技应用率已经达到一个相当的高度，聘用超过 10 个雇员的公司的资讯科技使用率已经达到 70%。

二、开展市场活动

随着资讯科技的广泛应用，到 20 世纪 80 年代末，新加坡在市场网络上已经具备诸多优势，经济发展局采用市场概念，促进经济的发展走向环球化。1985 年经济衰退，政府采取多项措施扭转局势，经济政策不断转变，如从生产活动转为媒体商业活动，多部门的配合、综合活动、网络联系、环球化等。

全国资讯科技计划、中小企业发展蓝图、全国自动化计划、全国微生物科技计划、商业园和公共部门与私人机构合作协商国家促销计划等，都反映出市场活动相当活跃。以市场学的观点发展经济，将整个新加坡当作“代表具有全面商业功能的环球城市”产品，推销给投资者，最终的目的就是提高人民的生活水平，增加人民的利益。

为促进资讯科技与经济活动，电脑业协助各行业使用电脑改进业务，特别是银行业和金融业表现突出。金融服务业多年来经历了戏剧化的演变，主要动力是客户越来越复杂、竞争越来越激烈、科技日新月异。资讯科技在20世纪90年代成为金融业最有力的竞争工具。比如，环球网络使得客户在任何地方都能够进行交易，重新划分了市场竞争领域，对于管理层来说，可以进行更有效的环球业务管理，还可以通过资讯科技研发新的产品，开发新的市场，特别是跨国市场，更可以弥补人力资源的短缺。

经济发展局和其他法定机构积极开展多元化与全球性的促销活动，通过资讯科技应用与推广，使新加坡在90年代初就成为区域性金融贸易服务中心，几十家大型国际金融与非金融公司相继将营业总部设在新加坡。

1989年，新加坡的电脑服务业已经取得巨大的突破，电脑服务业的营业额突破10亿新元大关，是1980年6900万新元营业额的14倍。陈庆炎博士说，市场竞争促使企业必须投资新科技，利用科技进行创新、重组及结合，产生比竞争对手更有利的优势。

国家经济发展策略与时俱进，制造业在为新加坡人制造财富和提供高就业机会方面继续扮演着重要角色。在大力发展服务业的同时，也要确保制造业继续保持原有的国际竞争力，尤其是要协助传统的制造业。经济发展局拟定了“制造业公元2000年”计划，同时也设立了10亿新元的企业发展基金，协助本地企业发展成为具有世界级水准的企业集团。

经济发展局还完成了公元2000年国际商业中心研究报告，旨在把新加坡发展成为国际商业中心，并提供必要的架构和商业指导，同时致力于发展卫星电视、电缆电视、多元媒体和表演艺术等经济领域，将新加坡发展成为一个充满活力的商业之都。不只是鼓励人人参与，主要是鼓励学习和充分利用新资讯以快速达到实际的效果。

三、十年打造智慧国家

2006年新加坡政府推出“智慧国2015”通信资讯科技发展蓝图，探讨新加坡十年资讯科技的发展，将这个“小红点”打造成一个“智慧国”。这个蓝图旨在探讨资讯科技基础设施的发展以及智慧系统如何改善人们的生活、工作和娱乐。这是资讯科技应用的最大改变和进步，也是让科技为人们生活和工作提供最完美的服务。

政府授权资讯通信发展管理局（于1999年由新加坡国家电脑局和新加坡电信局合并成立）负责和业者、主要经济领域、研究院、公共部门和私人机构等共同探讨本地资讯通信的多项领域和挑战，协助扩大新加坡在资讯领域的竞争优势。

随着资讯科技的蓬勃发展，1991年12月政府正式接受经济发展局提出的公元2000年资讯科技发展总蓝图（IT2000），最终将新加坡发展成为一个高度智能化的智慧岛。

这是新加坡首次提出发展智慧国的概念，政府最终将资讯科技这项经济策略调整为国家发展纲领性总策略，是20世纪80年代以来资讯科技发展的重大突破和飞跃。

蓝图大约包括60个如何将资讯科技应用到各个社会阶层的建议和概念。国家电脑局选择一部分主要项目，优先推行。总蓝图的建议和概念实现，有助于新加坡实现下列目标：一是发展成为一个区域和环球中心；二是推进新加坡经济发展；三是增加个人发展机会；四是加强本地人和其他国家的联系；五是提高国人的生活素质。政府成立一个国家资讯基础结构处，负责全面推行总蓝图。国家电脑局把资讯科技人力资源署和资讯科技工业发展署合并，成立新的资讯科技工业与人力资源处。当时因为已经有很多政府部门使用资讯系统，便自然成为全国性资讯计划运作系统，公共服务的电脑化对总蓝图的实施发挥了重大作用。

建设全国资讯系统基础设施。这个基础设施使新加坡成为世界上第一个拥有全国性资讯网络的国家，可以提高新加坡的国际竞争力、开拓新的经济发展领域、制造新的商业机会，尤其是可以使新加坡摆脱国界太小的束缚走向世界，成为世界商业、服务业和交通的枢纽。资讯系统基础设施也为人们带来更高的生活水平，让人们有更多的休闲娱乐时间、方式及领域。国家电脑局成立11个小组，共同制定十年资讯科技发展总蓝图。

时任总理吴作栋曾经说："这个发展总蓝图重新肯定了资讯科技在我国新起点的发展上所扮演的策略性角色。它显示，只要我们敢梦想，就一定能够梦想成真。"

资讯科技的采用范围迅速扩大，加快了智慧岛计划的进程，国人的生活方式随之发生了巨大的变化。资讯系统基础设施可以将新加坡这个"小红点"变成环球之都。智慧岛的概念已经不单纯是资讯传达电脑化，而是更进一步使新加坡成为一个环球社会。世界各国正在高速发展资讯超级高速公路，谁领先谁就是世界经济强国。新加坡政府也积极促进更多的私人企业参与，同时展开大众教育活动。资讯通信发展管理局有以下四大核心职能：

第一，发展资讯通信业。资讯通信发展管理局致力于营造一个良好的商业环境，鼓励电信行业参与高效、公平的竞争。

第二，成为政府的"首席信息官"。帮助政府开展资讯通信方面的总体规划、项目管理、系统执行与应用。

第三，改造经济领域。资讯通信发展管理局通过更先进、更创新的资讯通信系统，引领主要的经济部门、政府部门乃至整个社会实现改革。

第四，造福国民。通过重要社区部门提升市民熟练使用资讯通信的能力。与此同时，资讯通信发展管理局还担当构建国家资讯通信基础设施、进行人力资源调配以及制定行业规范等职责。此外，资讯通信发展管理局积极建立同全球市场的经济联系，以增强新加坡资讯通信的输出能力。

新加坡未来需要的是集资讯科技专业技能和企业家精神于一身的科技策略专家。他们不仅要具备科技创新的专业知识，还要与时俱进，与飞速发展的各个领域如教育、保健、生物、金融、物流等接轨，使资讯科技取得最大的经济效益。

2006年，新加坡政府通过了实现智慧国的四大策略及要实现的六大目标。这六大目标完美展现了新加坡智慧国真正的内涵，即建立一个为人民创造幸福生活、和谐温暖的平等社会。"智慧国2015"蓝图不仅关乎经济竞争力，也会寻找各种方法协助老年人、较不幸的人群和残疾人士，让他们能享受互联网，过更充实的生活，不断进行自我提升和终身学习。这将拉近社会上的数码鸿沟，为每一个人创造机会。当时政府承诺十年投入40亿新元发展资讯通信业。

2006年，资讯通信发展管理局为纪念新加坡资讯科技25周年，提出首届“连接新加坡资讯科技故事展”，介绍新加坡资讯科技的发展与未来。手机的渗透率已经在当年正式超过100%，每个新加坡人至少拥有一台手机。政府推出“资讯通信企业计划”，协助本地资讯通信企业落实大型、泛行业项目和创造新的知识产权以开拓海外市场。知识产权的创造对提高环球竞争力非常重要，同时也提升了新加坡产品的海外知名度，增强了海外客户对“新加坡制造”的信心。

2010年9月正式启动的新一代全国宽带网络，提供覆盖面广、具竞争力价格、网速达1Gbps的超高速宽带，除了工作场所的商务用户，国人在家中、学校以及其他场所均能使用，彻底改变人们生活、工作、学习与交流的方式。

新加坡通讯及新闻部长雅国先生在2014年6月表示，为把新加坡打造成为“智慧国”，政府将构建“智慧国平台”，建设覆盖全岛数据收集、连接和分析的基础设施与操作系统，根据所获数据预测公民需求，提供更好的公共服务。比如预先根据交通情况预测塞车路段、利用电眼来观察环境的清洁、使用无人驾驶车辆提供短程载送服务等。

资讯科技从20世纪80年代发展到今天，为新加坡的发展做出了巨大的贡献。新加坡资讯通信发展管理局用三个“C”来概括智慧国理念的核心：连接（Connect）、收集（Collect）和理解（Comprehend）。智慧国平台的第一个阶段以“连接”和“收集”为核心。“连接”的目标是提供一个安全、高速、经济且具有扩展性的全国通信基础设施；“收集”则是指通过遍布全国的传感器网络获取更理想的实时数据，并对重要的传感器数据进行匿名化保护、管理以及适当进行分享；“理解”的含义是，通过收集来的数据——尤其是实时数据——建立面向公众的有效共享机制，通过对数据进行分析，以更准确地预测民众的需求、提供更好的服务。

新加坡的经济与社会现状，也有三个“C”：Compute——从应用电脑开始；Conduit——然后关注通信管道；Content——最后着重于资讯内容。这三个

“C”，实际上贯穿了新加坡资讯科技发展一路走来的过程。20 世纪 80 年代初期，主要侧重于电脑的应用，逐渐关注通信管道，创建通信的基础设施，为资讯科技的发展奠定基础，这也就是 IT2000 计划的精髓和目标。最终落实在媒体网络的推广和传播，将资讯科技普及化、全民化，让国家和人民普遍受益。政府对资讯科技的发展和应用不只是重视和坚决落实，政府承诺将运用资讯通信技术对主要经济领域、政府部门乃至整个社会进行改造；建设超高速、普适性、智能化的可信赖的资讯通信基础设施；提高普通从业人员的资讯通信技术能力，建立具有全球竞争力的资讯通信人才资源库；开发具有全球竞争力的资讯通信产业。新加坡以这四大战略来推进“智慧国 2015”计划。

2013 年，新加坡的信息技术产业产值为 148.1 亿新元，年增长率高达 44.6%，其中出口占 72.7%。全国有将近 15 万名信息技术人才，而资讯科技建设初始的 1980 年科技从业人员仅为 800 名，发展速度惊人。

2014 年 4 月，新加坡总理李显龙首次明确阐述了新加坡智慧国（Smart Nation）建设将优先进行的三大任务：第一，要让年长者能借助科技在原地养老，并过着独立且充实的生活；第二，通过数据分析等方式，改善交通系统和乘客体验，让出行更便利；第三，确保数据的流通和交换在安全的环境中进行。李显龙总理在 2014 年国庆演讲中再次提到智慧国的伟大愿景：在新加坡，人们能够安居乐业，组织美满家庭和养儿育女。让我们一起把这里打造成一个更理想的家园，我们将充分运用高端科技，把新加坡转变成一个资讯科技城市，一个智慧国。

2014 年 11 月，政府宣布将成立智慧国资讯与行政办公室，主导推进智慧国计划。新加坡是目前世界上第一个提出建设智慧国概念的国家，一个瑰丽的梦想，走过了 35 年的历程，逐渐丰富、完美、变成现实，展示了这个“小红点”高瞻远瞩的智慧和胸怀。

四、核心竞争力来自精神和文化

文化是一个国家和民族的精神内涵和资本财富，但是文化的建立不是一朝一夕的事，而是一个艰苦的过程和历史的凝练。作为国家的执政者，建立、保持、发扬本国家和本民族的文化具有同发展经济一样深远和伟大的意义。

新加坡建国 50 年时，文化的发展经历了一个从政治到民生的过程。建国初期，重在树立国家和民族的观念和信念，文化集中在塑造民族性和服务国家政治需要。随着经济发展和人民生活及知识水平的提高，文化逐渐回归本质，注重艺术欣赏和文艺创意，刻意营造国家艺术氛围，提高国民艺术鉴赏力和参与性。在这个过程中，新加坡一方面注重文化创意和发展，另一方面将文化渗透至各个领域，通过经济触角赋予文化崭新的概念和内涵，鼓励艺术创新和文艺普及，同时利用文化外交，让新加坡走向世界。

新加坡文化的显著特征之一是其形成与经济发展息息相关。早期许多文化的概念都产生于经济发展局，所以，新加坡文化有一个别称："创意。"有些人也许不理解，但真正了解了新加坡的文化发展历程，就会理解"创意"对新加坡文化的重要性。旅游局创意推广的体验式旅游，牛车水、小印度、马来村甘榜格南深度游就是很成功的案例。

新加坡的文化是在一个不断创意的环境下产生的，对一些文化底蕴相对薄弱的国家和地区有很好的指导和借鉴意义；同时也因为新加坡文化同经济发展的关系相对更加亲密，对一些具有丰厚文化积淀的国家和民族同样具有借鉴的意义。经济大潮汹涌的时代，文化无疑打着更加鲜明的经济色彩，对于如何通过经济手段将文化发扬光大，新加坡的经验是相当成功的。

1992 年，新加坡新闻、通讯及艺术部部长杨荣文委托时任电脑局主席陈振南博士组成国家图书馆 2000 年图书馆检讨委员会，检讨新加坡未来 10 年对公共图书馆的需求，包括这些图书馆的数目、地点和规模。经过 20 个月的深入研究，1994 年 2 月，政府接受国家图书馆 2000 年图书馆检讨委员会报告书，全面发展图书馆。1995 年，新加坡还专门成立了国家图书馆局。

报告书计划利用 10 ~ 20 年时间在全国兴建更多图书馆，并且结合电子资讯科技将全国图书馆以及约 500 个资料库联系起来，方便公众获取新资料。建议公共图书馆应该设有大、中、小规模，一部分图书馆设有专门、特色藏书。通过资讯科技同国内外图书馆联系起来，形成超级图书馆电脑咨询网络。

为加速落实委员会的各项建议，报告书认为政府应计划成立图书馆管理局，进行实验性操作，取得预期成果，并进行全面推广。报告书中指出，为鼓励人们充分利用图书馆，基本的借阅服务应该是免费的；同时报告书认为，图书馆应该应公众需求推出专门服务，包括送书上门计划等，特别强调资讯科技在图书馆领域的广泛应用。建议建立更多图书馆，包括儿童图书馆。陈振南博士说，当时提出建立参考图书馆、专门图书馆、艺术图书馆、商业图书馆及区域、社区与邻里图书馆，通过电脑同专门机构、大专院校及研究机构的学术图书馆连线。先进的资讯科技使人们在家中就可以通过电脑获取资料，阅读新的知识。

2000 年图书馆发展计划如下：一是在 10 ~ 20 年内，在全国设立 5 所区域图书馆，18 所社区图书馆、儿童图书馆；二是发挥新加坡多元文化和人民懂得多种语言的特色，增加华文、马来文、泰米尔文藏书和资料来源；三是实现全国 500 多所学术图书馆和资料库连线，使新加坡成为该领域的东南亚区域中心。图书馆也是一个体验性的阅读生活环境，强调“以客为主”原则，吸引更多人利用图书馆，以更富有吸引力的方式来摆放藏书，如在图书馆设立咖啡厅等。社区图书馆将扮演重要角色，相信国人去图书馆的目的不再停留于查找资料和借书，他们可以通过这一渠道扩大交流圈子，抒发个人所思所想。社区图书馆可作为居民知识性的一个交流中心，将连同超级市场、购物中心和电影院，发展成为居民社交活动场所。

2000 年以后，国家图书馆的发展相当快，这与当时新加坡新闻、通讯及艺术部主导制定的“图书馆 2000”发展蓝图有直接关系。国家图书馆建设的理念是创造一个全民读书的国家，实现新加坡走向全球知识文化中心的愿景。

1995 年，时任新加坡新闻、通讯及艺术部部长的杨荣文提出了建设国家图书馆的三个目的：提升知识；丰富想象力；创造更多机会。通过读书获得更加丰富的知识，就会产生更大的想象力，从而提升创造力和幻想空间，开发全脑，为自己或社会创造更多机会。陈振南博士最后说，图书馆标志着一个国家的文化与进步。读书可以改变一个民族，塑造一个国家，国民性是靠学习不断建立起来的，形成一个学习的国家，是新加坡一路走来的文化理念。

文化作为经济发展的一个引擎和媒介，将旅游业串联起来，将旅游产业做成一种文化。1994 年 10 月，旅游局提出了“旅游无限”的策略计划，鼓励旅游公司走出去，在国外设立子公司、附属公司或合资经营增进收益。陈振南博士说，“旅游无限”策略成为许多亚洲国家旅游业的样板。这个概念来自日本园林设计中“借景”的概念，借助邻国优势，通过投资合作吸引更多旅客来本区域旅游，最终为国家的经济作出贡献。

“无限新加坡”的策略是经济发展局率先提出的，为了使新加坡在资源和土地有限的情况下继续在经济领域起飞，这项策略也鼓励本地企业走向国际，为新加坡开拓更大的经济空间。所以陈振南博士将这个概念应用在旅游业，他认为旅游局的任务就是带动和鼓励私人和公共企业合作，一起为新加坡旅游业增值。旅游局的任务就是把新加坡发展成为一个旅游的业务中心，从而吸引外国到新加坡投资，把新加坡延伸到海外发展的基地。陈振南博士将经济发展局的“无限新加坡”的大概念运用到旅游业，很好地促进了旅游业的发展和开拓。最成功的例子就是争取到亚太旅游协会旅游交易会的永久主办权。

20 世纪 90 年代，旅游局提出“体验式旅游的新概念”，新一代游客对旅游有了更高的要求，他们希望寻求新的体验。在这样的一种“体验经济”概念下，旅游业需要重新定义成为一个多方位和多感觉的体验式行业。这主要体现在牛车水、小印度、甘榜格南等富有民族特色和多元文化的经典式旅游项目。

旅游局启用了“新加坡——新亚洲”的宣传标语，含义就是新加坡创造了拥有和驾驭现代文明和高科技的奇迹，但又能保留和孕育它的亚洲文化遗产。新加坡饱含了创意和企业家精神，做到了为顾客创造新的价值。

1997 年新加坡旅游促进局改名为“新加坡旅游局”，承担发展旅游业的职责，除了继续把新加坡建设成独具特色的旅游目的地外，也肩负起把新加坡发展成为旅游枢纽和旅游商务中心的使命。

新加坡除了发展一流的基础设施，还注重发展艺术事业，建设有创意的艺术团体，发展充满活力的艺术与娱乐事业。

1998 年，陈振南博士以劳工部常任秘书的身份领导了新加坡南洋艺术学院和拉萨尔新航艺术学院升级的检讨委员会，旨在提升这两所艺术学院的地位，以协助新加坡培养出具有创意和艺术天分的人才。委员会邀请了国际知名艺术工作者对两所院校作出评估，最终提出了三大模式和七大指导原则，建议两所艺术学院获得等同于理工学院的政府拨款。他说，这是使新加坡艺术人力发展获得更大动力的重要一步，确保新加坡能在 21 世纪成为更富创意、有额外技能、有竞争力的国家。

为了把新加坡打造成一个环球大都会，政府在 2000 年 3 月公布的《文艺城市复兴》报告书中提倡开展艺术及文化活动，政府计划持续拨款5000万新元发展新加坡文化艺术事业，长远的目标是使新加坡能够与世界顶尖艺术城市、历史古典名城如罗马、纽约、伦敦媲美。成立了国家艺术馆、亚洲文明馆和土生华人博物馆，充分发挥新加坡历史和多元文化与艺术的特点。文化硬件设施也进一步加强，建立艺术中心，重修和翻新维多利亚剧场等，为公众提供更多更好的欣赏文化和艺术的场所。通过这个计划，在栽培艺术人才方面，政府也不遗余力。新闻、通讯及艺术部鼓励国人参与创意产业与工业，创立了“总统设计奖”，鼓励和表彰设计领域的优秀人才和作品。新加坡国家美术馆于2015年11月正式揭幕。

2003年7月，政府推出了资助媒体业发展计划，让新加坡在每年总产值1万亿美元的环球媒体市场上有所获益，出台了“媒体21发展计划”，2008年升级为“媒体融合计划”，努力把新加坡发展成为“环球媒体城”。政府宣布五年内注资1亿新元，并制定了四大策略计划。在内容制作、人才培育、数码媒体发展和市场拓展四个方面协助本地媒体业者和媒体人才开发业务，把产品推销给本地及海外观众。2004年政府又追加6500万新元，使“媒体21发展计划”总拨款额达到1.65亿新元。

新加坡采用了与海外伙伴联合制作媒体项目的战略。同时媒体管理局也积极与本地出版业合作，协助它们将业务国际化，扩大其在海外市场的占有率；也探讨把新加坡发展成为书刊出版业区域中心的策略，致力于加强对多元文化的认识，为新加坡人注入自豪感和共同的身份认同感。在这个过程中，新加坡将成为新加坡人的家园，以及一个充满给予的环球都会。

“文化外交”是对外宣传的一个策略，是对外推广新加坡的有力途径，向国外介绍新加坡在媒体、设计和艺术领域的人才，有助于提高世界对新加坡在创意与文化领域取得的成果的认识。为了配合文化外交的宣传策略，文化部先后在新加坡及世界一些国家举办各种与新加坡文化相关的节庆和文化展。亚洲媒体节、新加坡设计节、中国新加坡季、伦敦新加坡季、新加坡双年展等，对推动新加坡文化外交作出了积极的贡献。这些活动，挖掘出新加坡的艺术、设计、文化、文物、媒体和资讯科技的经济潜能，同时也为新加坡的就业市场和经济增长制造了更多机会。

第九章

锐意改革谱新篇

——新加坡巴士公司由乱到治的经验

一、改革的背景

新加坡的巴士交通始于殖民地时代，1971 年之前有 11 家巴士公司在运营，其中 10 家由华人经营管理。巴士服务质量很差，曾经发生过最惊险的事：乘客一条腿刚刚登上车，另一条腿还在外面，车子已经开动，整个人挤在车门缝隙里，半个身体吊在车门外，犹如荡秋千；有的巴士司机无法无天，没有上班也领薪水，还想方设法偷懒和搞破坏；有的司机拿大铁钉穿过马铃薯放在车轮下碾过，巴士没走多远轮胎就泄了气，只好抛锚，司机把车停在路边，打电话给巴士公司，根本不管车上的乘客，一个人大摇大摆溜走。

1971 年 11 月巴士公司重组，10 家华人经营的巴士公司合并为集合巴士公司、联合巴士公司、合众巴士公司。但是，重组、合并后依然问题重重。1973 年 11 月 1 日，政府又将这三家公司合并成立新加坡巴士有限公司。三家巴士公司合并后，没有一家尝试建立一个统一的管理制度或推行统一的经营、会计和保养系统。三家公司明争暗斗、各行其是，管理更是常常节外生枝。

1974 年 6 月，新加坡巴士有限公司共有 2081 辆注册巴士，但实际可以正常运行的只有 800 多辆，因为得不到政府的援助，没有车库，维修也不到位。1974 年五六月间，公司平均每天处理大约 672 宗车辆失灵事件，维修期间车辆服务只能中断。

二、改革的过程

1974 年 5 月，政府委派王康钦率领一个团队，对巴士运营的现状进行调查。当时政府要改革巴士服务的决心很大，由时任公共服务委员会主席彭成发牵头组建团队，对巴士公司展开调查整顿。

彭成发组织成立了七个人的研究团，马不停蹄地会见巴士公司劳资双方，查阅历史记录和文件，到各区的维修车厂、主要巴士总站参观，对物资设备和经营活动进行实地调查，最终形成了《新加坡巴士有限公司的管理和经营》研究团报告书，向政府作出详细的汇报。政府接受了该报告，并委派王康钦组成一个 40 人的政府团队进驻巴士公司。

整顿改革巴士公司，很重要的一条就是要与巴士公司领导层搞好关系，取得管理层的信任，互相理解，同时获得新加坡工业职工联合会的支持与协助，让他们深切感受到政府要改革的目的是帮助巴士公司成长。

一方面，要为业主争取利益和政府的帮助，理顺政府与私营企业的关系。比如，申请土地建车库；购买新巴士；巴士公司一体化、标准化管理等。另一方面，帮助业主解决困难，保证行车安全和巴士公司的健康发展。过去巴士公司没有土地建设停车场，车辆乱停，无法进行全面管理。向政府申请土地建设停车场，保证了车辆的安全停放。

首先是处罚服务态度极端恶劣的司机，对于无故请病假、故意使巴士车抛锚、借故不上班以及盗取巴士零件的员工进行了严厉惩罚。在两三年内，公司解雇了几十名涉及欺骗公司和纪律散漫的员工。

巴士公司为经常发生交通意外的 300 多名司机举办训练课程，通过训练、稽查及奖励三管齐下的办法克服难题，保证公路行车安全。

1976 年，新加坡巴士公司成立完善的训练学校，供巴士工友和其他志愿者学习及训练。为了减少和杜绝事故发生，设立意外事故调查小组，专门调查涉及巴士的严重意外事故。同时也改进奖励制度，采用“犯过计分”的方法，监督管理巴士司机的工作。

巴士公司是服务型行业，确立全体职员的服务意识非常重要，过去巴士乘务人员常常认为工作就是驾车和卖票，对乘客不闻不问，通过培训，大大提高了其服务的自觉性。

重视劳资关系，与工会密切合作，改善员工福利。王康钦先生加强管理的措施就是：改善员工福利；维护健康安全的环境；对员工进行职业训练，融合劳资感情，提高生产力。

一味地训练工友、巴士司机和售票员是不够的，还要动员乘客给予合作。每一辆巴士上所涉及的人都是巴士司机、售票员和乘客，这三者的关系非常密切，只有这三者发挥高度的合作关系，才能真正提升巴士的服务质量。和睦的劳资关系，使工友积极地投入工作，杜绝了怠工和罢工。

当时很多车不是真正的公交车，是在拖车平板上建起的公交车，品牌也各不相同。因为没有那么多钱去买好的车，就买配件、拖盘，车身从英国买，几个厂家的零件组装起来，只要能够在路上跑就行。不仅维修和管理麻烦，行车也很不安全。改革巴士公司之后，实行车队提升计划，通过购买新车，逐渐淘汰旧车，使巴士车日趋标准化。王康钦说，他在任的时候，每年平均花费7000万～8000万新元购买大约250辆新巴士，也推出了冷气巴士和双层冷气巴士。

改组之前有1400多辆车在路上穿行，大部分都是需要维修的。改组之后的1979年，1800多辆车在路上穿行，其中1100多辆车是新添置的，这些车都装有方向盘动力驱动器，一半的巴士装有自动化齿轮箱，操作更容易、更安全。

巴士线路做出全面检查，去除重复的线路，开辟新的线路，缩短乘客等候时间，繁忙时段出动更多巴士，在公共假期或周末，安排更多车辆穿行在滨海和旅游胜地等，这都是当时积极的改革措施。这些都是强化服务的举措，同时也注意充分利用高科技，提高生产力。1975年开始，逐渐从双人操作系统改成单人操作系统，所有的车资收费统一，不发车票，乘客只需将准确的车资投入设在司机旁的资箱，但是不尽合理之处是短程乘客却需要支付与远程乘客同样的车资。1982年，进一步改进为单人操作售票系统，巴士由司机一人操作，乘客按照车程远近支付车资，既大大方便了乘客，又节省了人力。

今天谈到这些改革的措施感觉很平常很简单，在当时却是创新，没有人告知该怎样改革，全是摸着石头过河。王康钦认为，政府的重视和改革的决心，尤其是强化管理提高服务意识，是最重要的成功经验。这次改革为政府组织公司私营化和上市，做出了表率。

三、改革的成效

1978 年巴士公司成功上市，股票的认购率超出 27 倍。1980 年巴士公司总办事处大厦揭幕，时任交通部部长王鼎昌先生高兴地赞扬巴士公司的改变。

公司属下巴士在公路上抛锚的平均率从 1974 年的 55% 降到 5%，添置新车 900 多辆，每日的乘车人次从 150 万增加到 230 万。

在 1974 年之前的十年时间里，新加坡的公共交通系统每况愈下。虽然所有巴士公司合并为一家，但由于管理不当，公共交通服务还是很差。政府被迫介入，因为如果不这样，巴士服务就存在最终崩溃的危险，从而造成经济和社会的脱节，影响成千上万人的生计。在新加坡政府研究团介入管理新加坡巴士公司的三年半时间里，巴士服务已经变得准时有效了。

新加坡巴士公司（下面简称“新巴”）改革的成功，是新加坡建国以来最重要的改革案例，开创了新加坡改革的先河，不只是作为后来者的重要参考，更提供了宝贵的经验。

一是新巴的改革为后来新加坡公共交通的发展奠定了坚实的基础，无论是内部管理，还是基础设施的完善、巴士车辆的更新等，都是前所未有的。

二是新巴改革的成功，说明政府对新巴的干预是及时且准确有效的。在这之前政府对私有公交企业的干预不够，新巴的成功为政府和企业树立了双重榜样。

三是私有公交企业要发展需要得到政府的支持，比如建立维修基地、巴士转换站、休息站等，为巴士的维修、安全行驶以及巴士工作人员提供便利。

四是政府为“巴士公司改革团”提供了许多特别的政策支持，尤其是管理人才的招聘和使用。高素质的管理人员进入巴士公司，直接快速地提升了巴士公司的整体素质，使改革得以顺利进行，为后续企业的管理提供了成熟的经验。

第十章

敢于超越　勇争第一

—— 新加坡港三年超越鹿特丹港的经验

从一个小渔村到国际都市，新加坡的立国之本便在于港口。1819 年英国史丹福·莱佛士爵士首次登陆新加坡，对新加坡这个小岛的印象是：“这是一个无可匹敌的港口。”

新加坡港务局的前身是当时的英国殖民政府于 1913 年 7 月成立的海港局，新加坡自治后，1965 年 4 月成立港务局取代海港局。1972 年新加坡第一个箱运码头正式启用，新加坡海港全面进入箱运时代，港务局下辖 6 个主要码头。新加坡邮轮中心渡轮码头有 6 个泊位，国际客运码头有两个超大型邮轮泊位，可停泊世界上最大的邮轮——20 万吨以上、载客 5400 人的“海洋绿洲号”超大型邮轮，可同时停靠 8 艘邮轮，提供超过 25 条国际客运邮轮线路和 24 小时一站式服务。

新加坡治港思维持续领先。目前，新加坡港联系着世界上 200 多家航运公司和 600 多个港口，是世界上效率最高的规模化经营的集装箱码头，平均每米码头岸线的生产能力是厦门港的 3 倍、高雄港的 2 倍、上海洋山港的 1.3 倍，集装箱吞吐量为 3660 万标准箱（居全球第二位），货物吞吐量为 6.3 亿吨（居全球第三位），船用燃料油销售量为 4980 万吨（居全球首位）。

一、首创奠定领先地位

1984 年，新加坡港研究开发 PORTNET 系统，通过使用电脑和互联网，连接港务局与船务公司、货运代理、运输企业和政府机构，是当时“世界上第一个全国性的企业对企业港口社区”的解决方案，有 9500 个集成用户使用该系统，以提供实时的，面向所有的港口、航运及物流的详细信息处理业务。PORTNET 系统每年处理 2.2 亿宗交易。

PORTNET 系统包括船舶规划系统和货场堆放系统、信息输入系统，以及数据自然生成船舶配载计划和堆放计划，最大限度地利用土地和港口泊位。特别是采取了“货箱策划”计划，该计划通过电脑程序处理货箱起卸策划，使新加坡成为当时世界上少数几个利用电脑处理货箱起卸策划的国家，新加坡箱运码头进入一个新纪元。巴西班让码头、裕廊码头、东礁箱运码头、直落亚逸码头、三巴旺码头均采用高度智能化调度系统，在集装箱货轮还未抵港之前，码头已预先为船只安排分配箱运、泊位等。这些码头设备完善，处理货物的效率也非常高。1974 年，因受世界性通货膨胀和经济衰退的影响，海港业务受到一定的冲击，不过之后货物的吞吐量还是年年增加，设备也越来越完善。

新加坡作为一个岛国，港口贸易在经济中的地位不容忽视，港务局的管理与市场发展受到政府的高度重视。1979 年，新加坡提出第二次工业革命，向高技能和高增值工业与服务业进军。港务局是新加坡最重要的服务业窗口，自然被推向了改革的前哨，目标就是十年内超越当时全球最繁忙的海港鹿特丹。新加坡港的惊人发展速度说明，必须给自己更高的期望，如果不去尝试，永远做不到。

成为世界第一不只是豪言壮语，要有一定的战略和策略，是智慧和苦干的结晶。值得称赞的是，港务局上下一致，同心协力，仅仅三年时间便成功超越鹿特丹，一跃成为世界第一，全球最繁忙海港的桂冠花落新加坡。

20 世纪 60 年代，新加坡是世界第五大海港，1975 年超越伦敦排名第四，1978 年超越纽约成为第三，1979 年超越横滨成为第二。但是要成为世界第一大港并不容易，鹿特丹不但服务于世界最大的贸易区——整个欧洲，而且港务设备与技术和服务系统也领先新加坡十年，这是一个很大的挑战。当时新加坡看到了箱运的飞速发展，新加坡港要赶超鹿特丹就必须动作快。运用电脑程序确定出口的货箱位置，大大减少了船舶停靠时间，平均一艘集装箱船舶装卸时间不超过 10 小时，一个货柜到达港口后，从通关到装上运输船舶仅需 15 分钟。

PORTNET 系统的成功研发花费了将近两年时间。“货箱起卸策划”是指预先策划出口货箱应放在船只的哪一个特定部分，这个过程十分重要，因为会影响船身的重力平衡及船在靠岸停泊时起卸货的生产力及效率，而且十分复杂，利用人力很耗费时间。

二、综合配套提升效能

装载机操作员将面临一个难以解决的问题，那就是到了45岁就不能继续做这份工作了。因为起重机太高，操作员要爬上爬下，45岁之后就很难爬上去了。可是培养一个好的操作员需要好几年时间，如果45岁后不能继续工作，那么累积的操作经验也就用不上了，很可惜。所以港务局就考虑做一个升降机，把操作员及其用的食水送上去，后来还安装了空调。新加坡港成为全球第一个在起重机上安装空调的港口。

另外，港务局鼓励员工不断调整工作方法。当时港务局采用一种新的搬运法，不但可以搬运箱送货物，也可以搬运汽车、钢管、木材平板货物等，减少了多余搬运操作方式。在集装箱的叠放方面，也总结出一套方法，装满货物的箱子叠6个，空箱子叠8个，以便充分利用空间。

1980年，港务局为近万名工友累计加薪350万新元，平均加薪7%～8%。

1982年，港务局与低级月薪和日薪雇员签署集体合约，惠及9000名雇员，薪酬平均提高10%～12%。月薪雇员获得更高薪金，公共假期或休息日上班将获得补薪。同时，推出一系列福利计划，对长期效忠的雇员颁发长期服务奖。

1982年，港务局通过技术训练和机械化将员工从15000名减少至9500名。港务局不是直接裁员，裁员既会对雇员造成伤害，也会为社会增加负担，而是通过技术训练将700名低技术员工训练成为机械化高技术员工，减少低技术员工人数，不断提高员工的素质以应对海港设施不断提高的自动化、机械化和电脑化。另外，港务局还推出“提前退休计划”，对一部分通过培训也无法完成工作任务和目标的雇员，不是硬性辞退或开除，而是动员其提前退休并给予退休补贴，这样既精减了职工队伍，又不会给雇员带来不安全感。

为了提高生产率、推广质量管理素质教育，港务局首先在两个部门培训一批高级职员协助推行，3个月后再推广至各个部门。通过讨论和创新的点子，让大家对自己的工作有充分的认识，从而产生深深的归属感，改变对客户的态度。这使港务局成为新加坡第一个实行“品管圈”的法定机构。

1985年，参加全国“品管圈”大会的13个品管圈中有11个获得金奖，两个分别获得银奖和铜奖。箱运码头机械部门的创新“品管圈”，赢得了优越奖。两名“品管圈”运动推广者获得国家“品管圈”大会“优越品管圈运动推广奖”。

当时培训了很多技术熟练的领航员，海外船只一到港外，领航员马上到位指挥进港，大大节省了船只进港和停港的时间，受到船务公司一致好评。

港务局的行政效率高，可为抵港的船只提供高效率的海港服务管理系统。完善报关手续，不断简化相关文件的程序，合理收费，领港员、码头工友等职工日夜24小时轮班工作等，确保了船只起卸货物、方便和快速离港，这是新加坡港一直保持世界领先地位的首要原因。

港务局应用新的车队载货程序，通过电话和电讯预定机械配备，采用电脑货物递送系统、新的码头收费系统等；丹戎巴葛箱运码头实行快捷交货与免费夜间交货制度，巴西班让码头实行船只预早停泊制度，为港口的使用者提供了更好和更高效的服务。

当时有两项很重要的创新：一是因为出入港手续繁多，为了方便客户快速出入港，1980年，港务局将各有关海港的服务部门搬入丹戎巴葛大厦，集体办公，下设船务行政组、海港海事安全组、领航组与海港操作中心等，为客户提供一站式服务平台。二是独创了“泊位优先停靠计划”。如果一个大的船务公司向港务局租一个优先泊位，就有优先使用泊位的权利，但是必须保证每年的最低使用天数。大型的船舶公司相对合适，能保证停泊时间，在获得了优先的停泊位置后，时间和位置都比较自由，也节省了费用。这也是留住大客户的一个方法。客户不用这些位置的时候海港也可以使用，明确了海港预先可知的固定费用。

到港补充供应品的国际船只可以选择在本区域任何海港停靠，港务局只有提供更加有效的价格低廉的服务才能吸引它们前来停泊。

港务局为了扶持船务业，使营业效率较高的船务公司获得更多优惠政策，在多个时段调低部分港务税，同时简化征税项目。

港务局提供具有竞争力的燃油价格、燃油品质以及可靠的服务，努力吸引船只来添油，使新加坡成为一流添油港。1986 年，进入新加坡港的船只 52% 在本地添油，其中一半是专程来添油的。

海港服务和海事工业两者的发展是相辅相成的。随着前来新加坡的船只越来越多，与海运有关的行业如保险公司、银行、电信局、船公司、律师馆、船舶测量师以及造修船业和海事辅助工业都有更多的生意可做。这些服务与工业的存在也协助巩固了新加坡海港的地位。每投入新加坡港 1 新元，就会为新加坡的经济产生 7 新元的效益。所以，港务局属下海事局、航政局也互相配合，同心协力把新加坡发展成为一个海事中心。

1980 年，港务局与淡马锡控股公司等投资成立联营公司，在南部实巴洛岛兴建储油中心，努力将新加坡港发展为世界级添油中心，建设有 18 个油库和 1 个深 16 米的码头，足以让载重吨位达 8 万吨的油槽船靠泊，此储油中心于 1982 年投入使用，大大提高了新加坡液态产品集散中心地位。

1988 年，新加坡港超越鹿特丹港成为世界顶级添油港。码头设备不断现代化，是新加坡能够持续保持世界大港地位的重要原因。1979 年，箱运码头添置 2000 余万新元设备。1980 年，港务局投资 260 万新元购买两艘污化控制艇及 4 艘垃圾收集艇，以清除垃圾保持港口清洁；购买世界著名的芬兰机器制造集团生产的夹式货箱起卸推叠机，可以装卸 30～40 吨的货物货箱，推叠高达 9 尺、20～40 尺长的货箱等。几年算下来，新加坡港投入在设备上的资金超过 1 亿新元。

新的港务局大厦斥资 1.8 亿新元，建设海港综合办公大厦，包括在附近兴建仓库为之提供便捷的服务。大厦内设有银行服务区、邮政服务区、医药设备、餐厅、展览馆、停车场、园艺服务及保安，部分提供给分布在各处的行政部门，集合办公，快捷方便。

1988 年之前，港务局已经开始计划投资 8 亿新元建造布拉尼岛箱运码头，改善丹戎巴葛箱运码头设备，通过建设长堤与本岛相连。布拉尼岛箱运码头内有 4 个主线停泊位和 5 个直线停泊位，建设工程于 1988 年正式启动，第一个停泊位于 1992 年投入服务。

港务局也十分重视货仓的建设。1980 年，拨款 1.5 亿新元兴建当时新加坡最高的多层货仓，1981 年耗资 1200 万新元改建高架、半自动化货仓，利用电脑清点货物以及指示储放位置。耗资 1 亿新元在亚历山大兴建两座十层高楼货仓，大大提升了新加坡港作为东南亚地区区域货仓及集散中心的地位。

港务局发展箱运装备的总费用超过 15 亿新元，主要是配置基本设施、购买运输装备，如大型起重机、重型叉车，进一步提高箱运码头的机械化水平，兴建大规模箱运货运站和多层货仓大厦。

1983 年，丹戎巴葛箱运码头工友起卸货多次刷新世界纪录，相当于一个工作日起卸货 2330 次（工作时间记）和 2192 次（停泊时间记）。丹戎巴葛箱运码头一直是世界起卸货最快的集装箱箱运码头。

20 世纪 80 年代，港务局设法尽量缩短箱运货轮停泊时间，最大幅度地减少停泊所需费用，将平均停泊时间 17 小时缩短至 10 小时内，因此吸引更多的箱运船务公司选择新加坡港。

20 世纪 80 年代初，港务局集装箱量增长了 4 倍；到 80 年代末，年交易量上升至 400 万标准箱；到 90 年代，新加坡港成为世界最大的集装箱港口。

1986 年，新加坡海港货运量突破 1 亿吨。在全球经济不景气的情况下，新加坡港的货运量从 1971 年船运业高峰时期的 5000 万吨增至 1984 年的 11200 万吨，增长了 114%。即使在国际船运业最艰难的时期——1979 年至 1984 年，也取得了 35% 的增长率，而这段时间正是王康钦领导港务局改革的时期。同一时期，世界的船运业下跌了 12%。

1982 年，用船运吨数来衡量，新加坡港已经超越鹿特丹港成为世界最繁忙海港，计划提前实现了，可是港务局并没有对外公布，原因是在刚刚取得成就的时候不希望遇到强烈的竞争和抵触。王康钦为了保护新加坡港，不在乎自己的荣誉，他甚至告诉林金山主席，不要对外发布消息。新加坡港超越鹿特丹港成为世界最繁忙海港的消息，直到几年后王康钦离开港务局才公布出来，那时候新加坡港的地位已经巩固了。新加坡成为全球无可替代的集装箱转运码头。

新加坡港的发展很重要的是赶上了全球箱运时代的发展，在别人还未觉醒的时候，新加坡已经起跑了。海港作为服务性行业为顾客提供全方位的服务与协助，进出入港的便捷与舒适是成功的关键。

“发展，而不是控制”，这条经验其实来自新加坡巴士公司的改革，在港务局的改革中同样适用并取得了更大的成效。

王康钦提出，港务局的基础设施建设一定得是世界一流的，要超前。但是这样做也是要面对风险的，所以要努力克服风险。他举例说，基础设施建立起来了，如果没有足够的客户就是浪费。当时，为了网罗全世界的大客户，他自己及时任港务局主席林金山先生亲自出马。当时世界级的大船务公司基本在海外，他们先后去了美国、欧洲国家、中国台湾地区等，说服他们将新加坡港作为中转港。在美国，他们访问了美国总统轮船公司（后来这家公司被海皇收购）；在丹麦，访问了马士基航运；在中国台湾地区，访问了长荣船运公司。这些大型船运公司都成为新加坡港重要的客户。

今天，坐拥马六甲海峡这条全世界最繁忙的海运线，新加坡港一直是东西方贸易的中心，也是亚太地区最大的转口港，全球前 25 家物流公司中有 20 家在新加坡有业务，超过一半在新加坡设立亚洲总部，处理了大约世界 1/5 的货柜转运吞吐量，以及全球6% 的货柜吞吐量。每年，有 8 万多艘船只往来马六甲海峡，运送全球货物商品贸易量的 40% 。全球战略性资源石油，70% 是从中东通过印度洋运往太平洋地区，大多都经过马六甲海峡。坊间一直有人说，谁能控制马六甲海峡，谁就控制整个西太平洋，成为东亚的主角。

三、面向未来才能赢得未来

2019 年 10 月 3 日，新加坡大士港码头（以下简称大士港）举办了动土仪式，分为 4 个阶段建设。到 2040 年，耗费 200 亿新元建设的大士港将成为世界最大的自动化集装箱码头。6500 万年吞吐量标准箱（TEU），是政府对大士港的估计。2018 年新加坡港的数据也不过是 3600 万 TEU，位居世界第二。

值得注意的是，广义的新加坡港并不仅仅是认知上的丹戎巴葛以及巴西班让一带。新加坡港目前多达 7 个码头，而这 7 个码头贡献的年总货物吞吐量几乎是大士港估计吞吐量的一半。

因此，等大士港完工后，新加坡的港口吞吐量也许会翻番。不论是占地面积还是“业务能力”，大士港都将是一等一的存在。其实，大士港背后的PSA，前身为新加坡港务局，母公司是新加坡头号“国企”淡马锡控股。它的业务不仅局限在新加坡，目前，他们在16个国家经营着28个港口，足迹遍布亚洲、美洲和欧洲。

大士港落成时，还将加入一些新的高科技元素，使用包括自动引导运输车、自动化场地起重机、自动存储与截取系统等，成为真正意义上的全自动化码头。其中，由瑞典著名电气公司ABB制造的自动导航车，将取代现有的集装箱卡车，实现真正的无人驾驶运输，采用智能车队管理和优化系统，能够有效提升码头与货仓之间的运送效率。另外一项高科技——双悬臂集装箱起重机，分为内悬臂和外悬臂，外悬臂负责将集装箱从船上卸载，再交由内悬臂，将集装箱装放到卡车上。自动化的起重机，由摄像机和激光传感器进行精确测量，不需要过多人手，专家也能够在远程进行监控。

据悉，这些设备的配套设施，将在2020年底完成。为了提前准备，新加坡海事和港口管理局现在仍旧在研究新技术和自动化，以提高港口运营的效率。在管理上，大士港也将安装先进的船运交通管理系统，协助监督航运交通，向船只建议最安全及有效的路线，并提早发现可能出现拥挤的水域。不论是从软件还是硬件上，大士港或许都是世界级的存在。

对标新加坡
建设自贸港

第十一章

开辟无限虚拟联通世界

—— 新加坡电信业改革及海底光缆建设的经验

一、因时而变，推动电信业破除垄断

新加坡电信局的改革是在全球大环境下进行的。那个时候，电信行业在美国都已经私营化了，但在新加坡却还是被垄断的行业，限制了电信行业的竞争和发展。政府认为，新加坡需要电信业的互相竞争，自由发展，至少要有几家公司提供服务，使新加坡资讯行业成为重要的区域中心。1990 年，新加坡提出到 2000 年发展成为智慧岛，发展资讯科技成为国策，改革势在必行。

1985 年，政府成立国营企业私营化委员会，建议当局研究规模庞大的法定机构私营化。委员会建议电信局、港务局、民航局、公用事业局等法定机构研究私营化问题，而有关咨询机构在研究之后也建议政府将电信局发展成为私营公司。当时政府对电信局的改革寄予厚望，时任交通部部长马宝山先生说："新加坡一路来以价格较低、服务素质较高的特色，在世界各国保持它的竞争力。"他解析电信局私营化的原因时说：不是因为电信局的效率或财政出了问题，政府要电信私营化的目的是使其摆脱作为一个法定机构所受到的约束，让电信局更有效率，同时在扩大海外业务时更具竞争力。

电信局受到来自国际的强大竞争，当时 80% 的国际电话服务来自外国公司，因此，电信局在提供世界级服务的同时，要确保它的收费低。将新加坡的触角伸向全球的明确目标，让电信局在改革的同时追求国际化。当时电信局的策略是两条腿走路，对内加快公司私营化进程，对外加速扩张，与海外大企业合作，寻求海外突破，迈向国际市场。

1989 年 8 月，电信局私营化的报告完成，呈交政府审阅。该报告是政府和电信局联合委任的独立咨询公司完成的，主要侧重研究电信局是否可以以私人公司的地位继续提供有效率的电信服务。当时政府考虑在电信局私营化后设立机构确保电信的服务水平，也考虑为了私营化后方便和其他国家签订电信协议，成立规模较小的政府部门或法定机构，代表政府处理政府间的法定任务。这一切，在后来的改革中都实现了。当时电信局也派出考察团到日本、欧美等地考察电信私营化的具体步骤和策略。

1989 年初，电信局实行了一个计划，鼓励员工提出建议，特别是成立工作改进小组，进而成立以王康钦为主席的生产力指导委员会，为电信局制定生产力发展计划。当时拨款 300 万新元为属下 700 名前线职员提供“顾客服务训练”，加强职员的销售和服务技巧，主要侧重于如何与顾客沟通、如何接待顾客、如何改进销售与书写的技巧，提高服务形象。从 1989 年 3 月推行工作改进计划开始，电信局共成立 20 个工作改进小组，完成 55 项研究课题。

为适应市场的变化和科技的进步，电信局对下属各部门进行改组。在这项改革下，维修服务和终端设备销售部门成立自己的管理层，自行制定经营策略，而这一切都是为了逐渐让该部门独立，成为下属的一个子公司。

改革部门组织是从成立子公司——新加坡电信国际私营有限公司开始的，这家公司因为不受法定机构条例约束，可以为外国提供咨询服务和联营商业活动，积极拓展海外市场。这项改革通过子公司进行灵活的经营，使电信服务费进一步降低，巩固了新加坡作为环球电信和商业中心的地位。

1989 年 4 月，电信局进行重大重组，首先成立三个策略商业部门——商业通讯部、住家通讯部和流动通讯部，同时设立开发商业部，拓展新的服务领域。另外，投资购买资讯系统，同时减少职员，由过去的 11500 名减少至不足 10000 名。当时减少职员并不是裁员，而是通过自然淘汰的方式完成职工辞退工作。重组后的各策略商业部门，成为能自行制定商业策略和自负盈亏的独立部门，政府为其提供所需的资料与基本设施。

二、三大策略加快电信业的发展和扩张

第一，为顾客提供更高水平的服务，主要体现在添加设备和训练员工方面。比如为顾客提供国际直拨电话服务、邮政局柜台全面电脑化。

第二，设立具有国家水准的基本设施，在五年之内电信局拨出 27 亿新元用

于资本投资。

第三，有计划地和世界各地电信机构联系，并签署备忘录，以携手合作发展新业务。

1990 年，电信局委托外国专家进行私营化计划的研究，委托的公司是摩根格伦费尔（亚洲）有限公司，领导推行与协调私营化研究工作，主要的工作范围是研究如何妥善推进电信私营化。

电信局当时的总资产为 100 亿美元，考虑将通过三种方式挂牌，使电信与邮政业务全面私营化，成为独立商业机构；但保留邮政业务，由政府通过一个法定机构或其他方式为公众提供邮政服务。

1990 年，新加坡邮政储蓄网点全部实行电脑化。电信局耗资 1800 万新元，花了五年时间，逐渐使全国 70 多所邮政储蓄网点全部实现电脑化。主要是提高了生产力，简化了工作流程，节省了工作时间，为顾客提供更快捷全面的服务。

1989 年，新加坡成为首个在全国提供“综合业务数据网络”的国家。

电信私营化为新加坡资讯科技的发展搭建了广阔坚实的平台。新加坡电信一步一步将触角伸向更远更广阔的疆域，并将新加坡虚拟交通铺向全世界。王康钦在接受访谈时说，新加坡太小了，即使虚拟交通，也需要媒介，那就是电缆网络的铺设，可是我们一出门就踏进别国的领域了，我们只有同邻国合作才可以将自己的触角伸向更远的地方。

网络时代的到来，使得电信服务在经济发展中扮演重要角色，国家经济和商业贸易完全依赖世界电信网络的联系，同时也促进了世界人民之间的交流和社会文化合作。

由大型商业机构和用户逐渐推向全国个人用户，可以将各种电子设备纳入统一的网络内，收费低廉，使用方便，新加坡是世界第一个为全国人民提供电信服务的国家。1989 年，新加坡实现在地铁列车内打电话，成为世界上第一个在地铁设立流动电话系统的国家。

1991 年，新加坡电信局投资 4. 33 亿新元发展电信设施，并于 1994 年将电信系统完全改为数字化网络。电信系统数字化是电信局的明确方向，这样可以为客户提供更多的服务，配合电信光纤计划，满足 21 世纪的电信需求。1992 年，电信公司推出亚洲首个智慧网络，巩固新加坡作为世界电信中心的地位。

1992 年 2 月，电信局重组正式拉开序幕，电信局法案在国会通过。根据该法案，重组后的电信局仍旧保留协调功能，属交通与通讯部下辖法定机构，专责监管电信和邮政服务事宜。分离出的两家附属公司—— 一家是专注于电信服务的新加坡电信私人有限公司，另一家是专注于邮件服务的新加坡邮政私人有限公司。两家附属公司初期由政府拥有，1993 年 10 月电信公司公开招股后，新加坡电信局完成私营化。

三、谋划海底电缆，铺设资讯高速公路

当时海底电缆在世界各大洋基本早已存在，只有东南亚、印度次大陆、中东和非洲所围绕的印度洋还没有。20 世纪 70 年代，东南亚和中东的经济增长率是区域最快的，而东南亚、中东和西欧之间的国际电信通讯完全依靠人造卫星。1980 年，法国邮电当局与新加坡电信局达成共识，为了更有效地促进发展，双方同意铺设一条海底电缆。

经过多方频繁接触与磋商，21 个国家的 22 个电信主管机构与企业于 1984 年 2 月 14 日在新加坡签署了第一项兴建、操作、保养海底电缆的合约。电缆共分八段，自新加坡出发，途经印度尼西亚苏门答腊的棉兰、斯里兰卡的科伦坡、红海东口的吉布提、沙特阿拉伯的吉达、埃及的苏伊士运河和亚历山大、意大利的巴勒莫到达法国的马赛，沿途共九个港口。整个系统费用超过 8 亿新元，法国和新加坡是最大投资商，占总额的将近 40%，其他国家各占不同比例。整个电缆全长 13000 千米，把亚非欧联系起来，更与其他海底电缆相连，形成了一个完整的环球海底电缆通信网络，作用在于促进欧洲与东南亚之间频繁的交通畅通，在增强可靠性的同时降低了电信交通成本。

东南亚—中东—西欧海底电缆采用的第一个系统是于 1992 年启用的文莱—新加坡系统，于 1993 年全部完成。该系统协助新加坡电信公司完成提供经济与先进的通信设备与服务的使命，促使新加坡更快速地成为全球商业中心，更重

要的是协助新加坡向智慧岛迈进。

这个电缆系统于1988年开始策划，预测耗资3.35亿美元。当时连接日本及美国的首个海底光纤电缆系统刚刚投入使用，新加坡预见到需求会增加，认为应该建立东南亚区域系统，便着手与邻国磋商。开始有的国家不认同，认为新加坡在这件事上获得的利益较大，而它们的利益相对较小，所以不想参与。

经过多方努力，新加坡最终与马来西亚、日本、中国香港、中国台湾等五方达成共识。这个共识非常重要，很快六方着手筹划。由于东南亚区域经济发展迅速，这项投资利润可观，更重要的是还可巩固新加坡作为区域通信中心的地位。新加坡地处东南亚区域要道，由于其拥有东南亚地区最先进的、多元化的、可靠的基础设施，包括海港与机场等，并享有权威性的商业环境和政治经济的稳定，所以跨国公司很容易选择新加坡。该系统的启用，更能够为跨国公司以及准备进军国际市场的本地公司提供信息基础设施。新加坡发展了，也希望马来西亚等邻国共同发展，这样整个东南亚区域才会更好地发展。实际上，海底电缆在当时是新加坡电信公司最大的投资项目，用于提供各类电信服务，包括电话、电报、打字电报、数据及电话传真等。

1991年，电信局又和36个组织签署协议，铺设横跨亚太地区的海底电缆。该电缆全长7500千米，是一条精密的电信管道，也是一条有成本效用的电信网络。该电缆与从东南亚直铺西欧的自动功率控制系统“东南亚—中东—西欧”海底电缆相连接，使得亚洲太平洋区域的国家有了一条容量大、传输速度快的数字管道直接通往欧洲、印度次大陆、太平洋区及北美西海岸。全球2/3的国家能够享受这条电缆带来的电信传输的方便，是世界上首个综合光导纤维海底电缆系统。新加坡电信拥有该系统18%的股权，是最大的股东。其他五个大股东为马来西亚电讯公司、中国香港电讯公司、中国台湾“国际电信发展机构”、日本国际电信电话公司和国际数据通信公司。

这是一条资讯的高速公路，使得国际联系数据网络化，新加坡可以通过国际直拨清晰地与世界184个地区通话，还可以召开影像会议，世界各地的人不必出国即可以面对面交谈开会；同时，也使得更多的商业客户选择新加坡电信公司的服务，让新加坡与世界75个国家有更好的联系。

新加坡电信改革的三个维度：一是以真诚取得邻居的理解和支持。这一条非常重要，新加坡是个弹丸之地，要发展成为区域中心，很容易越出国界，如果没有同邻国搞好关系，无法发展壮大。世界日益全球化，这一条不只是对新加坡，对大国也一样适用。国际关系中邻国关系是最重要的。二是重组新加坡电信，扩大其规模，有利于新电信上市，为新加坡电信业的发展开辟了广阔的前景。三是善于利用趋势，总是要走在别人的前面。这一点新加坡做得非常好，掌握趋势是发展的关键。资讯科技的迅猛超前发展使得新加坡成为世界通信中心，也促进了新加坡经济和贸易的发展。

对标新加坡
建设自贸港

第十二章

构建畅通的城市命脉

—— 新加坡打造世界一流的陆路交通系统的经验

一、交通规划体系构成

1965年，新加坡脱离马来西亚联邦成为独立的共和国，城市的规划和发展面临崭新的课题。建国初期的政治领袖们意识到了交通对于国家经济民生的重要性，希望有一个长远切实的规划蓝图，为新加坡创造美好未来。

1967年，新加坡政府向联合国开发计划署提出申请，希望他们协助新加坡进行道路和国家规划调查，重新拟定新加坡的概念规划。不久，新加坡成功获得联合国资助，开展“国家暨城市规划项目”调查，该项目总开支约1700万新元（其中500万新元由联合国资助）。由澳大利亚籍专家组成顾问团（也包括新加坡自己的专业人士），着手制定新加坡的概念规划，包括交通规划，设计未来公路和铁路网，促进市中心与卫星镇之间的联系和贯通。经过四年调查研究之后，于1971年出台了建国后第一部概念规划。

该蓝图以340万人口为基础，勾勒了新加坡沿着廊道进行实体规划的基本框架，提出围绕中央集水区建设高密度的卫星镇，规划交通网络连接各市镇的中心，以及发展从兀兰至樟宜南部地带。主要活动区由高速公路网络联系，辅以大众捷运系统（以地铁为中轴的辐射型交通模式——巴士和轨道交通的结合）。该蓝图对有关土地利用和交通需求进行了有史以来最全面彻底的调查和研究，制定了一套关于土地利用及与之相应的交通需求的全盘计划。1971年概念规划的精髓就是土地利用与交通需求相适应，这个理念一直指导新加坡的规划，在制定1991年概念规划时，体现得尤为明显。

20世纪70年代到80年代期间，新加坡启动新镇的建设规划，为了使新加坡的交通规划与市镇规划配合得更加合理有序，邀请了美国耶鲁大学专家前来指导。当时的理念就是通过建设设施齐全、功能配套、合理完善的疏解和分散交通体系，减轻中央商务区的交通压力。通过合理的交通规划，把人与就业、服务、娱乐、日常生活及社区发展联系起来。

1995 年，市区重建局联合地铁局和公共工程局、公路与交通署等机构起草策略性交通规划图，列明并且保留了扩展交通网络的主要交通廊道，同时也把这些廊道并入土地用途计划中，包括提供地段来兴建 100 千米长的地铁或轻轨列车路线，以及 2000 千米长的公路和高速公路。比如，红山发展指导蓝图把亚历山大路和直落布兰雅路改成准高速公路。市区重建局计划把当时的主要公路规划为准高速公路，建地下道来取代交通灯，以便使这些公路的交通更顺畅，增加交通容量，进一步细化了 1991 年概念规划。

20 世纪 90 年代初，市区重建局就开始模拟 2010 年至 2030 年预计交通情况，设定和测试方案，包括用车人数，用地计划和公路、铁路网络的扩展，从而确保 21 世纪有足够的土地应付需求。

市区重建局在为各区起草发展指导蓝图时，也把交通规划并入规划蓝图中，这一点成为新加坡交通体系成功的基础和保障。

值得提出的一点是，靠拓宽公路和建设高架桥解决交通问题是个误区。决定交通成败的关键在于科学的规划，通过规划土地使用与交通的需求，完全可以做到在地面部分疏解和缓解拥堵。同时，要重视规划的长期性，使交通规划与城市的发展相匹配。在规划层面缓解高密度城市的交通堵塞是已经被新加坡的实践证明了的成功经验。

新加坡城市规划中，尊重方案、毫不动摇的强大的执行力，成就了陆路交通网络和一流的地铁巴士混合系统。当时有一些东南亚国家也意识到了城市规划的重要性，并制定了蓝图，可是并没有像新加坡那样坚定地执行规划蓝图。

世界经济进程影响城市交通并迫使后者做出改变。当时新加坡政府的长远计划是建设方格式高速公路和适当的公路阶梯制度。在阶梯系统中有高速公路、主干道、次干道和地方道路，快、慢分流，各自发挥不同的功能，满足不同的交通需求。由大小和主次公路互相衔接组成公路网，车辆可沿着高速公路，从一个地区直接到达另一个地区，而后从一处道口转入主干道，再折入地方道路后进入生活的小区，抵达目的地。

执行概念规划时，面对的主要问题是在市区建设高速公路的难度较大。泛岛高速公路不仅是新加坡第一条高速公路，也是当时最大的高速公路，工程浩大、复杂，投资大。从1964年起，从设计、征用土地、动工兴建到完成，超过16年，全部建设费用高达2亿新元。该高速公路直贯全岛东西，与进入市中心的中央高速公路及通往全岛各处的七条高速公路组成新加坡心脏的主动脉，是新加坡经济发展和城市交通的生命线。

中央高速公路（CTE）是新加坡有史以来最昂贵、最复杂的高速公路。每千米耗资1亿新元，只是地下公路一段就耗费14亿新元以上。全长19千米的中央高速公路，除了地上路面，还包括高架公路、隧道和低凹道路。

加冷巴耶利峇高速公路是新加坡第九条高速公路，于2008年9月20日建成通车，项目总金额达17.4亿新元，全长12千米，横跨东海岸公园大道到淡滨尼高速公路，包括一个9千米长的隧道，该隧道是东南亚最长的地下道路，很好地促进了新加坡东北部和市中心之间的连接。这条高速公路建成后，从市区至盛港和榜鹅的行车时间缩短了1/4。

公路建设中遇到了各种难题，包括噪声、环境污染、征用土地、设计规划、建设施工中的地形技术难度、高架天桥和地下隧道的规划与建设。政府规划设计陆路交通系统的理念和遵循的原则如下。

第一，注重对环境的利用和保护。在建设中央高速公路（CTE）时，通过设计隧道解决人口密集和土地有限的问题。牛车水、新加坡河和乌节路一带在规划蓝图上是地上公路，但建设时公共工程局认为不能建在地上，不只是影响美观，也影响穿过人口密集地区的环境、产生噪声，同时路面会将整个商业区分成两部分，影响商业活动。因此，中央高速公路（CTE）设计了地下隧道，耗费了超过规划建设地上公路4倍的资金。

第二，对公路建设中所影响和涉及的个人及机构的尊重。公路与土地的关系最难理清，尤其是城市发展以后，要解决征用土地的问题，费时又费力。新加坡政府依靠《土地征用法令》，对被征用者做出合理的补偿。最难处理的是遇到庙宇或教堂，需要进行重建。一方面，需要被征用者同意；另一方面，还要等新住所建好后方可拆迁施工。但公共工程局不会因此而停工，一段一段建设，边建设边征地，把对居民的影响降至最低。

第三，一切建设都以经济发展和民生为基础和前提。公路全部按照经济和交通发展的需求建设。比如泛岛高速公路（PIE）主要是为了连接樟宜机场和裕廊工业区，建设武吉知马高速公路是为了促进城市向兀兰的发展，中央高速公路（CTE）向北延伸是为了衔接宏茂桥。经过长达16年的地铁建设论证，最后的一个理由就是“建设地铁是否给新加坡人民创造更加美好未来”。

第四，设置合理的道路网络。道路网络的设置一定要合理，高速公路、主干道、次高速公路、小路、交通圈等都要配合得当。建设道路的时候要考虑功能权限的等级分配，高速公路属于一级，主干道属于二级，次干道属于三级，地方道路属于四级，小区内的路属于五级。公路还包括路桥和隧道，配合陆路的还有地铁和轻轨。

设计道路网络时需要注意以下几个重要方面：一是道路的功能分级要明确，快慢合理，层次分明；二是交通工具的功能分级要明确；三是行车路线要明确；四是要考虑道路经过的周围环境。从而使道路网络有明确的权限和清晰的目标。

道路规划与卫星镇有着密切的联系。高速公路设置在卫星镇两侧，地铁建在卫星镇的中心，形成以地铁为中轴的辐射型交通模式——巴士和轨道交通的结合。

新加坡在20世纪90年代就已经是世界上公路密度较高的国家，每平方千米有4420米，那时日本是每平方千米2930米，中国香港地区为每平方千米1090米。所以，在新建公路基本饱和的情况下，重在扩建现有公路，增加汽车天桥、立体交叉系统，把交通圈改成交通灯控制系统，等等。早在1985年，政府就大量投资改建公路系统和改善交通控制设备；在加强交通管制的同时，也充分利用和扩大公共交通网络，并逐渐将重点转移到发展高素质的公共交通系统，使得公共交通系统可媲美私人汽车。

1987年政府成立公共交通管理理事会，1996年颁布交通白皮书——《打造世界一流的陆路交通系统》，并为公共交通筹资工作制定了原则。

1999年，时任交通与通讯科技部部长的姚照东先生说，新加坡公路占国土总面积的12%，住屋所使用的土地面积占13%，基本上已经没有多少土地可以用来修建公路了。同时，修建大规模的地下公路网络造价昂贵，所以提高交通服务水准越来越受到重视，以便吸引更多的人改用公共交通出行。

实际上，新加坡的公共交通服务在20世纪60年代就引起了政府的重视。1971年概念规划非常清楚地显示了这一点。当时就规划了地铁线，在将近16年的时间内，规划的地铁线路一直受到保护，任何建设项目不得影响未来地铁的建设，这可以看出政府为建设地铁系统做出的努力和付出的心血。

二、探索公共交通切实可行的财务融资模式

交通工具是交通的载体。新加坡政府一直致力于为人民提供多种不同的交通工具——地铁、巴士、轻轨、出租车等。20世纪60年代提出的地铁—巴士混合捷运系统，前后用了整整16年时间研究、争论、选择、决定。

当年，地铁建设方案甫一提出，就引起各方的广泛争议——实际上，这场地铁之争对新加坡交通改革是有里程碑意义的。新加坡政府专门委托了2个顾问团，前后进行了长达10年的4次详细调查；即便在其间经历石油危机、经济危机、国家建设等重大事件之后，该方案依然难以最终决断。新加坡政府凭着坚定的执行力和永不放弃的勇气，不断论证和争取该方案，原因之一是落实既定的廊道发展交通规划，原因之二是着眼发展远景，新加坡确实需要这样一套地铁—巴士混合捷运系统。

这是当时新加坡最庞大的基础设施建设项目，最终的实施重点就是项目融资。尽管该项目实施有助于新加坡居民生活质量提升，对国家未来发展也会起到促进社会经济、国家竞争力提升的作用，但如果无法解决项目融资的问题，该项目就可能搁浅，开工建设或将需要更长久的等待。这无疑将给国家和人民带来无法估量的损失，并失去重要发展机遇。

融资是一个项目成败的关键和基础，甚至是先决条件。无论多好的项目，没有资金就是幻想，有了资金就可能成为现实。融资的工具和方式是多方面的，新加坡地铁融资是个巨大的创新，有其深远和广泛的指导意义。

当时新加坡是按照一个理想的未来设想融资的，这个理想鼓舞着主张兴建地铁的一代先驱，这需要很大的勇气、格局和意志力。这样的一种融资模式和理念，需要的是远见、智慧、前瞻性和勇气，辅以严谨科学的论证。

20 世纪五六十年代，新加坡人口增长率高达 4.3%，失业率也居高不下，政府必须改善交通和通信等公共设施，推动经济发展，同时推进住房、教育、公共卫生体系等，满足日益增长的人口需求。新加坡公共财政制度是政府赖以建立公共基础设施及提供服务的基础。

20 世纪 60 年代末，工业快速发展，新加坡实现全民就业，经济开始转向高附加值的服务业，导致私家车越来越多，出行人数也迅猛增长，交通拥堵成为紧迫的城市问题。1967 年政府打算建立地铁系统，在联合国开发计划署的技术资金支持下，律政部、国家发展部于 1967 年启动《国家暨城市规划项目》，最终形成 1971 年概念规划，其中包括交通规划，特别是提出建设地铁系统。因为预算开支超过 50 亿新元（以 1982 年新元计算），融资成为重大焦点，引发内阁辩论，50 亿新元相当于 20 世纪 80 年代国民生产总值的 1/5，况且运营成本也不能够确定。政府为此花费超过十年时间，分别邀请两个顾问团耗资 1000 万新元进行详细的调查、测算和论证，展开了若干个可行性研究。

不只是外方专家团积极研究，新加坡交通与通讯部也自行展开研究，于 1976 年发布《土地利用暨交通规划评析》，最终确定于 1982 年启动项目。这个决定的最终节点是以滨海南土地开发为融资工具。

初始阶段，政府只把地铁系统视为纯粹的交通工具。之后对其重新诠释，使地铁系统变成一项对新加坡经济竞争力与发展机遇，特别是国家未来和人民生活品质有着广泛影响意义的重要设施。地铁更能高效、可靠地提高郊区与城市中心以及其他区域的联通和协作，强化沿线地区的经济和民生，从而增强投资者对新加坡未来发展的信心，更能够吸引高附加值的投资，因此也更符合新加坡经济发展的方向和趋势。

地铁系统能够让新加坡最大限度地利用稀缺的土地资源，同时帮助分散经济活动到中心区以外的其他地区，形成更多紧凑的郊区，从而带动整个城市的发展。当时，随着新镇的开发，公共住宅的建设特别是卫星镇理念的逐渐成熟，毗邻市中心的滨海南地区更快速进入政府和开发者的视野。尤其是严谨的全方位的地铁研究和论证，让建设地铁的优劣更加清晰。当时身为交通部部长的王鼎昌，是地铁系统坚定的支持者，他亲自到海外考察，学习东京、伦敦、纽约等城市建设地铁的经验。

1982 年 5 月，时任交通与通讯部部长王鼎昌宣布实施地铁项目，以中国香港地区的地铁为例，谈到新加坡地铁时说："即使地铁系统收益甚高，也不可能以纯商业模式建设和运营。"这预示了地铁系统采用的融资原则。

他说："这里面的逻辑是这样的，首先，地铁系统将提高地价，这其中的部分土地收益将用于地铁建设的费用。这样的融资方式可以减轻有关机构偿还巨额贷款的负担。地铁的运营可以自行筹资，因为地铁车票的收益足以支付所有的运营成本，剩下的盈余还应该用来支付将来更换铁道机车车辆等折旧资产的费用。"

靠出售滨海南土地为地铁系统买单是一个理论性概念，准确地道出了这个融资工具的独特性。政府可能要等到地铁建成、地价抬高、价格合适的时候才出售土地，地铁系统一定可以为滨海南带来巨大的财政收益。如果没有地铁，土地的价格大概为每平方米 200 新元，但是有了地铁，提高了开发密度，土地价格可能会上升至每平方米 2000 新元。事实上，在为期六年的地铁建设过程中，售地带来的收益超过了 120 亿新元。

三、公共交通运营商收入及运营成本

新加坡的巴士系统有一段时间在很大程度上是自负盈亏的，政府没有直接补贴，对于巴士基础设施的初期建设也少有介入。巴士公司改革之后，政府筹资模式有所改变，负责支付巴士转换站、车站等基础设施的建设费用，日常营运和维修费用则由新捷运和新加坡地铁公司承担。巴士公司的票价收入及其他非营运收入，足以支付成本，包括巴士到使用年限的重置成本。

在地铁系统中，除了建设费用由国家支付，政府通过为隧道、高架桥、地铁站等系统设施支付长期建设成本，创建了一个可持续的融资模式，同时引进企业化经营负责系统运作，还出资购买第一批运营资产。而地铁运营商靠车票收入及非售票收入，比如站点内广告收入等，来支付日常营运开支。

利用这样的一种融资方式，地铁收入一开始就能够支付日常开支，而且票价相对低廉，为地铁系统长久平稳地发展奠定了良好的基础。

1987 年，政府成立完全国有的新加坡地铁公司，负责地铁的运营，政府与其签订 10 年期的执照与运营协议。该协议后来延期至 1998 年 3 月 31 日。

根据该协议，隧道、铁轨、车站及铁道机车车辆，由新加坡地铁公司缴纳每年售票收入及非售票收入 0. 5% 的执照费，以支付轨道车辆的租金，也作为积累资产重置储备金，用于主要资产的更换与检修，以保证地铁系统的操作正常。

1996 年，陆路交通管理局发布《打造世界一流的陆路交通系统白皮书》(以下简称《白皮书》)，提出了公共交通系统联合融资的概念，政府提供交通基础设施，乘客为营运费用买单，营运商则通过服务质量和水准调整票价结构来获利，而票价结构必须获得公共交通委员会核准。

《白皮书》提出了三个融资原则：第一，票价定期合理调整，以配合正当的成本增加；第二，服务收入至少收回运营成本；第三，折旧与资产置换的准备金应当足够。

陆路交通局对重点项目的融资理解是应该有能力依靠售票和其他收入收回营运成本，这一标准应用于所有地铁扩建项目。为了进一步确保代际公平，《白皮书》提出由政府参与资产置换筹资。1996 年在陆路交通管理局《白皮书》的基础上，新加坡地铁有限公司获得新的 30 年期执照与运营协议，负责 1998 年 4 月 1 日开始的南北线和东西线。

新加坡地铁有限公司需确保新加坡轨道列车符合执照与运营协议规定的相关性能标准，包括服务质量、安全保障及关键性能。

随后的 1999 年，新捷运获得营运东北线的执照与运营协议，成为新加坡最大的公共交通营运商，形成了轨道交通系统市场的双寡头局面。

此后，新加坡政府不断调整筹资模式，反复强调“财政可持续性”原则，强调公共交通运营商应该通过提供服务收回营运成本，并为置换资产积累准备金，无须由政府提供营运补贴。同时也强调“价格经济性”原则，认为应该使乘客大体上能够承担票价。

在上述基础之上，融资框架更加细化，在评估新线路时逐渐以“网络”而非“单条线路”为评估单位。如此，只要整个轨道网络有存续能力，用这种评估方式，新线路可提前若干年施工建设，为公共交通开辟永续发展的良好基点。

四、新加坡地铁的建设历程

新加坡交通系统的选择更多地考虑了新加坡的国情，包括有限的土地资源、环境污染、高密度的人口、高速发展的经济和城市。新加坡政府对地铁这样的一个基础设施项目进行了16年的研究和探讨，是一种怎样的执着和坚韧？有着怎样的格局和境界？当时，人们最普遍关注的问题是：为建设地铁投资50亿新元值得吗？这50亿新元能为新加坡带来什么？

（一）持久的谋划与争论历程

1966年，独立不久的新加坡政府强烈地意识到国家建设和发展经济的重要性，向联合国开发计划署提出申请，对新加坡的交通状况和国家规划做大型调查，以便制定新的国家规划。1967年，在联合国协助下，政府展开了历时四年的《国家暨城市规划项目》的调查与研究。交通方面的一个主要议题就是拟建设以轨道为基础的地铁辅助巴士系统，强化新加坡的公共交通，应对20世纪90年代社会生活和经济发展。

1971年，新加坡出台建国第一个概念规划，明确规划了地铁南北线和东西线。

1972年，新加坡政府正式组织成立由交通与通讯部牵头，7名专家组成的地铁研究委员会，全面研究地铁的可行性，主要目的：一是在市中心建设地铁的经济状况，二是提出长期的计划，三是提出可立即实施的计划。

然而，地铁建设甫一提出就遇到了严重分歧，时任交通与通讯部部长王鼎昌先生和时任副总理吴庆瑞博士分别代表两种不同意见，双方就建设地铁辅助巴士系统和仅仅需要全巴士系统展开了旷日持久的大辩论。政府相继聘请了威尔逊专家团和哈佛顾问团展开调查和研究。

1980 年，地铁研究局成立，美国专家和新加坡政府部门官员一起工作，对以地铁为基础的公共交通系统进行详细评价，布鲁诺·威德莫先生就是这批美国专家的重要成员之一，卜尚富先生则是新加坡方面的技术人员。

1978 年《土地利用和交通策划检讨》报告出炉，研究结果显示，全巴士系统仅能应付市区 26 万个工作职位，超过此数，就需要一个高效能的地铁辅助巴士服务网。

1978 年，国防部也展开了一项市区分散化研究，得出的结论是，推行全巴士系统会在 2003 年带来更加严重的交通拥挤。

然而，地铁之争依然相当尖锐而无法做出定论。20 世纪 70 年代末，时任交通与通讯部部长的王鼎昌曾经在国会上说，新加坡在 20 世纪 80 年代中期不可能建造地铁，可见做出这个决定的艰难。但是，政府对地铁的研究和论证却一直没有停止。1980 年，政府进行了第三阶段的大众交通研究，当时处于经济危机时期，估算总建设造价是 40 亿新元，常年经营费用是 7600 万新元（以 1979 年价格为基准）。

随着物价飞涨，地铁建设的预算增加到 50 亿新元。面对巨大的财政支出，作为副总理的吴庆瑞博士再一次提出了质疑：仅仅为了一个地铁系统投资 50 亿新元是否值得！他委任了汉申研究团（也称为哈佛研究团）做进一步论证。汉申研究团提出了反对兴建地铁的结论，而世界银行也支持这个结论。

1980 年 10 月，政府聘请的两个专家团面对全国人民举行了面对面的大辩论，针锋相对，唇枪舌剑。专家团进行了逐一点评，并全面详细地公布了威尔逊调查团的观点，否定了全巴士系统的建议。随后第二阶段的研究争论，逐渐从建造费过高转向全巴士系统能不能解决 1990 年至 2000 年中央商业区繁忙时段的交通拥挤。

尽管汉申研究团报告的结论是兴建地铁并非不可避免，但是他们没有举出令人信服的数字以佐证自己的结论。所以交通与通讯部需要更多的研究，来确定汉申研究团所谓的重组后全巴士系统是否可以应付 20 世纪 90 年代的交通需求，同时也要研究如果全巴士系统不足以应付，新加坡何时需要一个地铁系统。

1982年初，《全国交通调查报告书A阶段》出炉。王鼎昌部长在国会宣布：现在的问题不再是我们是否需要拥有地铁，而是应该在什么时候拥有地铁。这不但是一个交通问题，而且与长期的社会利益、经济发展及改善国民素质有关。

1982年5月28日，交通与通讯部部长王鼎昌在规划师学会的晚宴上正式宣布，政府决定投资50亿新元兴建地铁。这个晚宴也因此永远地载入了新加坡交通发展的史册。

1983年10月22日，地铁工程正式动工，地铁局成为法定机构。从1967年《国家暨城市规划项目》提出建设轨道交通至1983年地铁正式动工，经过了整整16年时间。

1987年11月7日，地铁第一阶段工程完成并正式通车。

（二）地铁建设的必要性

研究不断深化，许多数据显示了地铁系统对新加坡的必要和必需，地铁之争基本告一段落。

地铁系统对新加坡不是一种必需，而是一种选择，新加坡人即使没有地铁系统也可以依靠其他代步工具从一个地方到另一个地方，只是这样将付出某种代价，如交通拥挤、浪费更多的时间和汽油。若新加坡需要一种更准时、更可靠、更方便的交通系统，那么就需要进行巨大投资，建造一个大众快捷交通系统（地铁系统）。所以，地铁系统对新加坡并非一种必需品，而是一种交通方式的选择。

不是巴士不好，而是单纯的巴士系统难以应对新加坡未来的发展：巴士的可靠度受到怀疑，维修率高，安全性也不能与地铁比较。巴士需要更多人力，当时一辆巴士需要两名员工，再加上后备员工和生病员工的比例高达1:2.5，如果两班倒，一辆车就需要五个人。况且这些人员都需要培训，这是相当大的耗资。

《全国交通调查报告书》对汉申调查团就1990年实行全巴士系统做出的

假设和方法进行分析，结果发现这些假设和方法并不是完全正确和可靠的。最终得出的结论是全巴士系统很明显不能提供一个和地铁系统相等水准的交通服务。

地铁经营成本低于巴士。很有意思的是，在经济投入上，威德莫也算了一笔账。地铁的经营成本增长率是8.5%，巴士的经营成本增长率1979年为8%，1980年8月则增加到24%，说明巴士的成本增长率高于地铁。同时他也证明，地铁的出现不但不会减少巴士公司的利润，反而会改善其收入情况。地铁的运营使得巴士线路减少，节省的资金可以用于巴士的改造和服务，两家的竞争也会提高巴士公司素质，从而使巴士公司获得更多盈利。

最好的交通系统是地铁和巴士系统的完美结合。巴士将占有更多道路，威尔逊专家团对全巴士系统能否大大提高巴士穿行速度和缓解市区街道拥挤情况深表怀疑。他们指出，全巴士系统下，当局需要在搭客聚集的车站扩建人行道和两条巴士车道，这将削减路面的负载，从而影响公路系统的总负载。巴士将占用更加多的道路，即使通过各种办法买更大的巴士，道路却很难再扩展。当时武吉士的维多利亚街巴士站点上，一辆接一辆的巴士排成长龙，好像火车车厢，阻碍交通，产生污染，搭客上下车拥挤，也需要更多的时间。《全国交通调查报告书》对未来的交通量进行了预测，20世纪80年代至90年代，上午繁忙时段公共交通量将增加24%，私人交通量将增加14%。值得注意的是，这次调查所作出的预测是基于1968年收集的户口资料，调查程序是10年前发出来的。实际上这些数字在当时看来都是相当保守的，从时间上来看也是落后的。结论是全巴士系统根本无法满足需求。而当时所做的估计，尚未包括海边和湖畔市区，也就是今天的滨海南一带。

地铁安全平稳，速度快。列车以每小时54千米的速度行进，虽不是很快，但比巴士快又平稳。全巴士系统下，需转换的车次更多，旅程也会增加14%，无形中也增加了车资。将来规划的新镇支线巴士穿行时速为30～40千米，而当时巴士公司的支线巴士平均时速只有15～25千米，10年内将巴士穿行速度提高2～3倍显然是比较困难的，更遑论以每小时50千米的速度在高速公路上穿行。除非实行特殊的交通管制和优先措施，但这样又会影响其他类型的公路使用车辆——巴士都在高速公路上行驶，将可能挤占高速公路上20%～40%的其他车辆，而这些车辆如果回到其他公路行驶，将会造成新的公路阻塞和交通压力。

全巴士系统不能更好地解决未来交通问题。地铁可以让乘客更快回家，工人不希望在工作了8小时之后再乘坐超过1小时的巴士回家。根据全巴士系统的观点，10年之间我们仅需要增加300辆巴士，就可以提供与大众快捷交通系统同样的便捷与舒适，我们又何必在这里大谈地铁系统呢?《全国交通调查报告书》，分A和B两个阶段的研究。这份报告书的调查得出结论：巴士公司为大部分搭客提供众多到市中心的直线，占总线路的95%，虽然对搭客来说是很方便的，但是却会带来巴士严重不足问题。太多巴士直接进入市区会造成市区巴士过多、道路拥挤、搭客混乱，市区的街道和巴士站也将无法容纳越来越多的巴士。时任交通与通讯部部长王鼎昌也曾经从国家规划和实际现状两个方面对媒体指出：专家估计，到了20世纪90年代，公共交通系统每天所载的乘客数目将达到260万人次，在1971年概念规划下，住宅、商业和工业都将得到高密度发展，主要集中在本岛南岸一带。规划的基本目标就是缩短住宅区与工作地点、经济活动和学校之间的距离，减少人们的长途奔波。全巴士公共交通系统估计需要120辆小型巴士、1800辆普通巴士以及2000辆巨型巴士，每辆巴士每小时行驶20千米。到时市中心将挤满巴士，巴士车道每小时需要容纳250辆巴士，必须开辟两条巴士线路。

地铁将带动中央商业区经济活动。威德莫从经济趋势方面做出的论证也相当中肯。他说，哈佛专家团将中央区分散的建议是行不通的，新加坡不像西方的城市那样大量依赖私人车辆将中央区的商业活动带到市外。亚洲城市正在经历对中央区的强劲需求，如果停止这种趋势或使之慢下来，都会削弱对中央商业区经济活动的推动，而这确实是当时新加坡的经济现状。

1980年，新加坡政府展开“基础性工程调查”，选择和确立地铁的基本线路和站点，提出了南北线和东西线这两条主要路线，让这场大辩论进入实质性阶段。

新加坡政府反复论证，不断聆听两方面专家团的意见，主要就是内阁想进一步详细了解地铁系统、全巴士系统或其他可选择的交通系统所包含的影响和意义，然后才做出决定。

时任交通与通讯部长王鼎昌曾这样指出：无可否认，地铁系统能有助于一个城市的发展和活力，容许更密集的发展和更高的经济规模。纽约、伦敦、东京如果没有地铁系统，将无法支持目前的大规模城市和经济活动。我们还有一个目标就是尽量保存这个小岛的土地资源，配合1971年概念规划的安排，为沿着重要的交通廊道建立有效率的交通系统提供基础。

一个高速发展有活力的城市，面对更密集的发展和更高的经济规模，必须提供高品质的公共交通系统，为城市与人民带来高素质生活。

地铁的建造，本意是为了满足人们往市中心以及连接组屋市镇区的交通需求，但是地铁高效率的服务性能将对日常生活方式产生一定的影响，包括商业的模式。当时王鼎昌还特别从城市规划和设计的方面谈到了地铁对新加坡未来的影响，今天这一切都已经成为现实。

新加坡土地稀缺，更好地开发、利用土地是政府秉持的战略国策。李光耀总理在地铁开幕式上也谈了他的想法和决策的初衷。

“我国可供建造房屋、医院、公路、学校和训练武装部队人员的土地有限，因此才决定把公共交通方面的投资放在首要地位，私人交通放在次要地位。”

从城市设计方面的观点来看，地铁将促进新式设计概念的发展，新式办公楼和购物中心将围绕着地铁车站地段建造，借以摆脱以道路为人类活动主要动脉基础的设计概念。这种内向的空间设计创造了一种新的城市环境，不受空气和噪声的污染，也不受繁忙交通阻塞影响。已经规划的滨海湖畔南区、乌节车站、诺维娜车站等地都将以这种形式发展。尤其是滨海湖畔南区，会有多样化发展工程，包括商业建筑、学校、办公楼和公共设施，将会发展成为一个拥有崭新面貌的21世纪卫星城。

也正是滨海南地区的巨大发展潜力，给了政府强有力的信心支持。当时滨海南尚没有任何发展，也没有山丘河流等地理障碍，可以在此创立一个全新的市区。

1982 年 8 月 21 日，时任交通与通讯部长王鼎昌在《继往开来》上发表论文《公共交通何去何从》指出：这个面貌全新的黄金地区，将坐落在直落亚逸南端的滨海湖畔南区，填土地段面积 225 公顷。如果没有地铁，这里就无法开发。铁路的建造给人们提供较高水准的交通服务，同时也给投资者增加信心。采用大众快捷交通系统以后，巴士线路可以重新划定，两者相辅相成，建立完整有效的公共交通服务网，国家的土地潜能也将大大提高，协助发挥这个岛的全部功能。

1987 年 11 月 7 日上午 9 时，王鼎昌为大巴窑地铁站纪念牌匾揭幕，同时在月台主持正式通车仪式，高兴地说："同地铁恋爱 20 年了，现在终于盼到了孩子的诞生，非常兴奋！"

当时，全国共有 42 个站点的地铁线，共耗资 50 亿新元，辅以巴士，形成有效的公共交通系统，每天为来往工作场所、住家及各活动中心的 50 万人口（100 万人次）提供准时、可靠且舒适的服务。

巴士成为整个公共交通的集散工具，负责将搭客集合到地铁站以及将他们分散到各个目的地，也弥补了地铁线路不够灵活的缺点。为了不与地铁形成竞争，又能充分发挥其功能，巴士线路以短程为主。每个新镇内毗邻区道路都有短程、快速、次数频繁的服务，居住地离地铁较远的乘客，乘坐巴士到达地铁站转搭地铁。

公共交通系统采取了"车资合一"的方法，搭客利用预付储值卡车资、月票和长期通行证，在巴士地铁上通用，节省排队及等候上车的时间。因为地铁的使用，地面交通量减少，整个高速公路网络完成，以环状排列将全岛各个角落与功能区连接起来。

（三）以人为本的理念和做到极致的细节意识

莱佛士坊地铁站的建设是当时市区金融中心一个重要的项目，政府不让步，渣打银行无奈，只好把设计图纸拿去英国最好的设计公司重新设计，按照地铁要求建造。现在我们看到的渣打银行的大楼是拱形的，地铁从底下穿过。

在建设多美歌地铁站的时候，遇到一个犹太人的墓地，因为墓地在印度庙的后面，前面基本看不到，买地的时候没有注意到。需要迁移墓地的时候，犹太教的福利部门提出一个要求，一定要去以色列请牧师做一个迁址仪式才可以迁移。公共工程局汇报上去，政府立刻就批准了他们的要求。

布莱德地铁站遇到的问题是地铁需要从一栋组屋下面穿过，经过测算决定加固组屋，便动员组屋的居民先搬出去，加固组屋后再让他们搬回来。这是相当麻烦的一件事，但是大家都非常支持，居民期待地铁早日建成通车，非常配合。直到今天这栋组屋还在，说明加固工作做得很好。

在地铁站台设立玻璃门，在当时是全球范围内地铁建设的创新。准备设立玻璃门的时候制定了一个可行性报告，那时没有任何一个国家的地铁使用玻璃门。在新加坡，主要是为了节约能源才做此考虑。新加坡地处热带，地下车站必须使用空调，但是如果没有封闭就会浪费电力。安装玻璃门后发现有更多的好处，比如安全性更好，站台上的乘客不容易掉下轨道，同时又干净、环保、噪声小。后来一些城市学习新加坡安装了玻璃门，比如中国香港地区，主要是为了安全。

世界一流的地铁操作控制系统。地铁公司设立了地铁操作控制中心，这是地铁的中枢神经，保持24小时运作。操作员都接受严格训练。列车一出毛病，控制中心接获报告马上就调整其他列车穿行时间或停驶地点，并通知技术人员前往现场处理故障。当时地铁的控制系统采用了世界最先进的自动控制系统，具有三重保护功能，包括地铁自动保护系统、地铁自动操作系统、地铁自动监督系统，保证两辆列车在最短的距离内也不会相撞。即使电脑及通信系统失灵，控制中心与车站无法取得联系，各个车站的微处理机仍会按照穿行时间表操作，车站监督员有效地控制其管辖范围内的列车穿行。

公共交通服务网的完善与发展。新加坡能够提供优质的公共交通服务，很重要的一点就是不断完善创新地铁与巴士混合系统，当年的地铁与巴士之争，特别是严谨的调查与研究，为后来巴士与地铁系统完美结合奠定了基础。50 亿新元的巨大代价，使得政府更加谨慎而不愧于国家和人民。1986 年 8 月，为了迎接地铁通车，由 30 多位交通专家组成的特别工作团成立，积极展开地铁与巴士系统结合的筹划与实施，建立一个新的高效的公共交通服务网。工作团计划 1989 年完成工作，政府投资 600 万新元，支持其研究工作。特别工作团全面分析地铁与巴士系统结合所涉及的技术、服务、财务、制度与系统化、市场与公众教育等关键问题，以寻求解决的方法。同时，特别工作团也决定地铁和巴士车票的出售方法、原料及印刷，以及票务机器。巴士与地铁使用的机器必须配合才能做到一张车票在两种交通工具上使用。

1987 年 3 月，政府成立“公共交通理事会”，成员来自地铁局和巴士公司。理事会的最主要任务就是研究及向政府建议地铁、巴士的车资。理事会深刻了解到地铁通车后整个公共交通的客流量将大大提高，为了避免因为地铁与巴士路线的重叠加重公众及经营者的开支，提议必须将二者结合起来。地铁公司成立后即刻确定了三大任务：其一，为顾客提供安全又经济的高水准交通服务；其二，确保足够的收入偿付地铁维修费；其三，确保股东得到合理收益。

新加坡地铁公司是私营企业，由政府专门成立并责其负责经营地铁服务。新加坡地铁与其他国家的不同在于无须偿还建设成本。50 亿新元的成本由国家承担，政府计划从滨海南售卖土地的盈利中拨出款项。当时虽然滨海南尚未售卖土地，但 50 亿新元先从国库中预支，作为国家基础建设的一部分。未来地铁站和线路成本也由政府承担。所以私营公司只需以车资收入拨款偿还操作成本，包括车厢及折旧费用，还包括挂牌上市后偿还股东的股息。

合理低廉的车资。政府决定将地铁移交私营机构管理，目的就是既要获得更高的服务效率，又要确保地铁公司不以高昂车资牟取暴利、损害乘客利益。政府为地铁公司制定了利润上限，防止地铁因私营而牟取暴利。

巴士与地铁结合的混合捷运系统，很重要的一条就是要避免地铁与巴士重复路线所付出的车资。政府的宗旨就是地铁与巴士相结合，在提供高素质服务时，操作成本和车资尽量维持在最低，所以采用简单通票制，根据距离的长短收取乘车证和月票的费用，通票可同时在巴士和地铁使用。

地铁服务需符合人民的需求，以大多数人愿意服务的代价为定价准绳。在最初的阶段，地铁公司是亏损的，主要是为了保持与巴士的竞争力。刚开始地铁的车资比冷气巴士的收费还要低。地铁通车后，巴士车资也进行了调整。除此之外，地铁与巴士线路重复就是浪费。地铁和巴士结合初期，为了重组巴士线路，当然也因为新镇的建设及居民的搬迁，平均每年有 60 条巴士线路重新修订。

政府不收回建造成本，使地铁车资大众化。政府当年决定承担地铁工程包括地铁线路和车站的建造费用，是为了使地铁公司不会因为需要负担高昂的设备投资，导致把经营成本的高涨转嫁到搭客身上。所以，新加坡地铁收费是全球较低的。其他国家地铁收费比较高，主要是因为地铁公司必须付出庞大的地铁工程费，支付高额利息，使经营成本越来越高，不得不转嫁给乘客。

地铁系统带给国家和人民的好处是每个人可以切身体会的，不仅是人民生活素质的提高和改善，实际上还是一个理想在新加坡的诞生和成长。地铁系统的建造，体现了政府对于国家未来的期冀和对人民的承诺。建设地铁给予后来者一些启发和经验，这个重大工程的抉择反映出了政府的意志力和国家责任感，反映了一个国家愿景。

第一，一定要用发展的眼光看问题。今天不会再提出是否需要建设地铁这样的问题了，因为每个人都知道这是必需的。明智的政府，不会只做人民喜欢的事情。有一些事情是需要勇气和远见卓识的。称职的政府就是要比普通民众更具前瞻性，更有格局观和愿景。

第二，学习和借鉴非常重要，成熟的经验是工作良好的指导，可以节省时间和金钱。劳资关系十分重要，新加坡公共交通的成功很重要的一条要归功于良好的劳资关系，新加坡没有罢工，公共交通除非技术问题，基本畅通无阻。

第三，基础设施建设融资很重要。建设资金是项目的基础和前提。地铁车资的大众化，显示政府关心人民是以实际的行动，而不只是说说而已。地铁管理局不需要收回建造成本，便可以维持低廉大众化的车资。地铁通车后，人们浪费在交通阻塞方面的时间和精力减少，意味着有更多的时间用于工作、学习和娱乐，会使新加坡有更高的生产力和高品质的国民生活。

第十三章

打造全球最高效便捷的出行系统

——新加坡优化交通管制，化解城市拥堵“世界难题”

交通治理是一个综合性课题，新加坡奉行一以贯之的交通理念："让人和货物动起来。"而新加坡实行的公路电子收费系统、拥车证制度、停车位制度、定期安全性车检，以及道路监控与提示系统等，是保障其交通畅通无阻的主要原因。

一、构建与路网相适应的多种选择的公共交通系统

（一）巴士

新加坡在规划新镇的初始就预先规划了巴士转换站，即使暂时用不到，也可以提早预留土地，为公共交通的发展打下基础。巴士转换站有效便捷地将搭乘地铁到达镇中心和片区中心的乘客快速地疏散出去，尽快抵达目的地。

新加坡建国初期，工业发展迅速，裕廊工业区工厂和人口增加很快，许多工人抱怨交通不好，政府压力很大。当时王康钦就想到应该在裕廊镇建设一个巴士转换站，从樟宜、大巴窑、实龙岗等镇中心驶来的车辆在此停靠，再由镇内巴士带他们去工作的地点。在当地管理部门的协调和支持下，巴士转换站很快建成，此后，各片区中心和卫星镇中心的巴士转换站都非常顺利地建设起来。

新加坡巴士转换站的预先规划为公共交通的发展提供了极大的便利，随着新镇的发展繁荣，一个个巴士转换站建设起来，成为片区中心和卫星镇中心重要的公共交通枢纽。

（二）轻轨系统

新镇建设的轻轨系统，是为了配合地铁和巴士，提供更好的交通服务。目前新加坡有三条重要的轻轨——榜鹅、盛港和武吉班让，是新加坡综合捷运系统的组成部分。

（三）德士系统

德士也是公共交通系统的一员。新加坡早期德士服务相当混乱，"黑车"

现象严重。随着对德士服务业的整顿，德士服务业日渐规范化。政府对于德士服务的一贯原则是，一方面提高德士司机的收入，另一方面鼓励德士提供更佳的服务。新加坡有28000辆德士，人均拥有德士量全球第一，承担着公共交通里程的约20%。有部分人把德士当成了私家车的代替品。政府一直鼓励提高德士服务质量，同时对行业放宽出租汽车条例，允许出租汽车公司转让出租车给个人等。但是，新加坡德士的数目也一直在适当的控制范围之内。

（四）地铁系统

全国的地铁线共有42个站点，共耗资50亿新元，辅以巴士，形成有效的公共交通系统，每天为来往工作场所、住家及各活动中心的百万人口提供准时、可靠且舒适的服务。

二、实施强有力且有效的交通管制

新加坡陆路交通政策的宗旨是保持交通顺畅，政府从各个方面解决问题，包括制定系统的市镇规划，保持完善的道路与高速公路网络、有效的公共交通系统以及管制车辆的增长和使用。

（一）中央限制区执照公路电子收费系统

中央限制区执照公路电子收费系统的初创：中央限制区执照计划于1975年6月正式实施，新加坡成为全球首个通过收费来制约汽车使用的国家，在当时是一项重大突破。全球大部分国家都在限制车辆拥有权，而新加坡率先开始限制使用权。

实行中央限制区执照后，限制时段进入限制区的车辆大幅度减少，仅私家车就从1975年3月的42790辆锐减为9月的11363辆。

20世纪80年代末，新加坡交通拥堵情况日益严重，政府便着手研究扩大限制区，在中央商业区实行傍晚限制区制并扩大限制区范围，抑制车辆过度增长造成的交通拥挤。同时，管制车辆数目，让全国的车辆保持在一个合理的水平。

中央限制区执照实施了23年，经过几次的微调，于1998年8月31日由人工管制转化为电子自动控制系统，即公路电子收费系统，一直延续到今天。

限制区计划概念来自英国的一位教授鲁本·斯梅特先生。1964 年，他发表文章认为，公路是一种宝贵的资源，应该把公路当作商品向使用者收费。新加坡借鉴了这个概念，但是如何收费确实费了一番脑筋。政府既不想收费太高，抑制汽车进入限制区，也不能制定一个无法产生抑制效用的过低收费标准，最后决定按照停车场每月收费来测算。市区每月的停车费是 60 新元，按照每月 4 周、每周平均 5 天计算，那么通行费（执照费）就是每日 3 新元，每月 60 新元 。

限制区计划成功实行，最初只是限制汽车、德士和公共汽车，后来扩大到除了紧急车辆以外的所有车辆，限制时间也延长至整天，然后实行了电子收费制，不断地扩大限制区域和时间，为新加坡的交通畅通做出了巨大贡献。

新加坡接待的外国参观学习者不计其数，包括来自世界各地的政府官员考察团，如欧洲、美国、亚洲等地。但是，直到今天，除新加坡外，成功实施这个计划的也只有伦敦、奥斯陆、米兰等几个欧洲城市。

刚刚实行中央限制区执照计划时，政府邀请公众对计划提出反馈意见，结果五花八门。有一位五星级酒店的老板为抗议酒店所在地被划为限制区，在实施该计划的当天乘三轮车上班，引起不小的热议和轰动。有一位医生还特别提出不应该向他收费，因为医生职业关乎人命。

世界银行 1976 年的一项调查显示，驾车者对中央商务区昂贵的停车费颇有微词，公众大多抱怨在限制区限制时间内很难搭到车，但限制区繁忙时段的交通确实有了很大改善。七年后世界银行再一次进行调查，发现限制区计划已经被普遍接受。

在推行计划之前，政府采取了一些改善公路交通的措施，比如实施巴士专用车道、共乘汽车计划、辟设市区边缘停车场、中心区停车费上调、扩大限制区外缘公路面积，以及尽量在每一个闸口提供回避进入限制区的通道等，保证更好地执行和实施该计划。

公共交通是推行电子收费制的前提，只有搞好公共交通，才能更好地推行电子收费制等一系列道路交通的管制措施。有些城市在公共交通没有做好的情况下推行电子收费制，结果是计划尚未真正实施就流产了。

新加坡政府具有坚强的政治毅力，勇于推行不受人民欢迎但是有益于国家的政策，这是一个政府的胆识和意志。政策制定出来，采用各种方法，冒着政治风险大力推行。

中央限制区执照计划采用人工系统，无法根据汽车行驶速度的变化而调整，这是一个局限，而“公路电子收费系统”突破了这种限制。在使用一年之后，限制区全天车流量下降了15%，早高峰车流量减少了16%，公路电子收费系统有效地控制了中央商业区的车流量。

实施这项计划最关键的绩效和意义在于把新加坡交通管理的大方向从应付车辆增加转移到更加广泛的层面，通过控制公路使用率来管理主要公路和繁忙公路的交通流量，这在全世界是一个创举，从此新加坡交通管理制度进入新纪元。

（二）汽车限额制

在新加坡购买汽车是世界上最昂贵的，同样品牌、型号，排气量相等的车，新加坡汽车的价钱是澳大利亚的数倍。原因就是新加坡在交通管理方面还有一项重要的措施——汽车限额制，习惯上称为拥车证制度。

实际上，从20世纪50年代开始，政府就不断推出一系列财政措施，控制汽车保有量额外注册费、拥车税等，60年代至70年代初，车辆年增长8.8%以上，交通拥堵情况加剧，尤其是中央商业区，主干道的车流量每天超过8万辆。

1972年政府推出更加严格的税收措施，包括高额进口税及路税。1973年成立由多个政府部门常任秘书联合领导，国家发展部、公共工程局技术人员组成的道路交通行动委员会，负责协调交通规划措施、管理交通需求。之后的10多年间，各种措施不断出台。

1990年，国会陆路交通委员会在经过5个月的研讨之后，于1月3日向国会提呈了关于实行拥车证制度的报告，国会辩论之后，于1990年1月30日原则同意拥车证制度的建议。

1990年3月4日，政府组织了一次关于拥车证制度的全国性对话，对话的目的有两个：一是让大家对拥车证制度提出澄清的问题；二是如何把车辆数目提高到最大限度，以满足国人拥有汽车及电单车的愿望。

1990年5月正式实行拥车证制度，第一次购买汽车和电单车的人必须通过投标获取购买权，也称为拥车证，期限为10年。为了降低旧车数目增长速度，旧车需要交付附加路税。实行拥车证制度之前，车辆每年的增长率为6.8%；实行拥车证制度之后，车辆增长率保持在3%，公路相对保持顺畅。

拥车证制度除了提高购车价，也控制了旧车的数目，能够更有效地控制车辆数目。

时任交通与通讯部长马宝山也曾这样解释：政府的责任是找出更公平的方法分配数目有限的拥车证，根据拥车证的市场价格收取费用，用于公共建设，使每一位新加坡人受益。

政府部门研究了多项调整和改善这一制度的建议，以期望找出更好和更公平的方法来分配数目有限的拥车证，确保拥车证价格公平合理。

实施九年后，1998年国会交通委员会提出对该计划进行审查，后来该委员会提交了调查结果，发表了《车辆配额制度检讨委员会报告书》。当时交通与通讯部长马宝山于1999年3月2日在国会辩论会上肯定了拥车证制度的有效性。国会确认该计划为新加坡交通管理关键战略方案，因此决定予以保留，规定了汽车以每年3%的速度增长，直到2005年以后重审。

拥车证制度自1990年实施以来，一直采用封闭式招投标。1999年6月，拥车证制度公开招投标系统接受测试，并于2001年6月开始执行。每月有一半的拥车证配额进行公开招标采购，另一半配额继续封闭竞标。公开投标让投标人可以监视当前拥车证的价格和修改自己的出价，这样能避免拥车证的价格大幅度波动。2002年4月，拥车证制度公开招投标系统完全取代了封闭式招标系统。

（三）不断改进停车管理

为了控制汽车进入市区，在市区收取比较高的停车费用。对于私人空间，允许自行制定停车收费标准，鼓励市区停车高收费，从而控制进入市区的车辆，这一举措收到了很好的效果。许多车主将车停在市区边缘的停车场，转乘公共交通工具去上班，减少市中心交通压力。

（四）电子观测和检查系统

除了在交通管制方面实行公路电子收费系统和汽车限额制，结合土地使用、市镇和交通策划以及改善公共交通之外，陆路交通管理局和交通与通讯部也采用新科技，在实际面积没有增加的情况下增加公路的容量和提高效率。1995年，随着国家八条高速公路全部完成，政府着手研究开发“交通扫描系统”，收集全岛公路路况资料，为驾车人士和交通公司提供及时的交通信息，利用康福德士公司的德士作为感应接收器接收信息。陆路交通管理局收到资料后，将数据输入电脑，分析交通情况，并以不同颜色代表畅通程度，显示在数码的地图上，然后及时通知广播机构、电信服务运营商和驾车人士。

该系统是综合交通管理系统的一部分，耗资大约1000万新元，包括设置高科技控制中心，47台侦查摄像机以及检测摄像机，装置50个电子显示板。这个系统能够有效检测交通情况，使驾车者提早知道前方交通情况，协助驾车者事先拟定行车路线或改变原定路线。若发生交通事故，控制室人员也会在短时间内派遣拖车将抛锚的损坏车辆拖走，工作人员可在11分钟内处理该事件，并予以协助，避免造成交通阻塞。监察与提示系统同时迅速将交通事故消息传达给电视台和电台，让驾车者避免行经受影响的路段。实行该系统后，提高了交通事故处理能力，使得交通更加通畅。

截至2014年，新加坡有11条高速公路，总长164千米，主干道698千米，小区道路2000多千米，构成完善的陆路交通网。地铁与轻轨铁路总长为183千米。全岛有77个电子ERP收费闸门，分布在主要道路上，有的是全天，有的是特定时段运行。这些闸门的收费会根据高峰时段的车流速度，每3个月调整一次。

据报道，一位美国交通专家在参观了新加坡的交通情况后，对新加坡的平均车速相当吃惊。他说，按照人口的比例，新加坡应该是世界上车速最快的城市之一。这与新加坡健全的公路交通管理是密不可分的。

有了交通规划作为基础之后，还需要执行规划和管理实施，尤其是通过管控措施加强执行力，新加坡在这方面做得非常成功。

新加坡交通政策被坚定贯彻执行的原动力在哪里？机构整合。正如曾任新加坡地铁管理局执行董事刘腾先先生所说："新加坡与其他国家之所以不同，在于机构的整合。机构的整合提供了动力，调动了积极性，并且影响观点和最终的结果。"

1987 年政府成立联运公交运营商，1989 年投入使用通联公司一体化收费系统，最重要的是 1995 年成立陆路交通管理局。陆交局是由公共工程局道路署、车辆注册局、新加坡地铁管理局、交通部陆路交通署四家机构合并的，是唯一负责陆路交通管理工作的职能机构，统一协调私人和公共交通基础设施规划，制定车辆限制政策，并评估替代性基础设施和政策。这是当时相当棘手的一个职位，不被看好，第一任主席霍兆华先生是政府三顾茅庐才请出山的。

当时负责地铁管理的林良玉先生对新加坡的地铁建设和管理做出了巨大贡献，在新加坡交通发展史上留下浓重的一笔。杨厝港至大巴窑南北地铁线于 1987 年通车，东西线文礼地铁站于 1990 年启用，比预期提前了两年，林良玉先生功不可没。1996 年退休之后，他仍然被委任为地铁公司副主席和顾问，直至 2000 年离职。林良玉也曾是国家发展部高级官员，投入公共交通事业长达 40 年之久。

新加坡政府将土地政策、车辆登记、道路交通、轨道交通和公共交通的工作全部整合起来，由一个机构统一管理，意义重大。因为各种观点都汇集到一个中心主体，由这个主体负责构建新加坡未来 10 年的陆路交通体系，为新加坡交通不息的命脉注入永远的动力。

第十四章

世界最佳机场的诞生传奇

—— 新加坡樟宜机场超越阿姆斯特丹机场的经验

1819 年，英国莱佛士爵士登陆新加坡时看到的只是一个无与伦比的海港，完全没有想到几乎没有领空的新加坡未来会成为一个世界著名的空港。直至 1965 年新加坡独立，也不会有多少人想到这个不起眼、破旧的弹丸小岛，可以缔造无数从无到有，而樟宜机场正是“无中生有”“无中生优”典范。

素有新加坡劳资之父称号的林崇椰教授讲过一个故事。20 世纪 80 年代末，他去非洲演讲，一下飞机就看到这样的大型广告：新加坡没有领空，却缔造了世界第一的樟宜机场。2015 年，樟宜机场共接待乘客 5540 万人次，比上年的 5410 万人次增加 2.5%；航班起降数量 346330 趟次，是继 2013 年创下的 343800 趟次最佳纪录后的新高。

一、新加坡早期的飞行记录

1911 年，一位叫 Joseph Christiaens 的专业飞行员将飞机零件用船运到新加坡重新组装，在今天的花拉公园跑马路一带进行了三天的飞行表演，第一次让新加坡人目睹了空中奇观。

1919 年 12 月 5 日，Ross Smith 和 Keith Smith 两兄弟及另外两名同事驾驶他们的 Vickers Vimy 双翼飞机在飞往澳大利亚途中，临时降落新加坡。因为这架飞机正在进行英国飞往澳大利亚航程的探索尝试，新加坡作为航空中转站，开始受到世界的关注。

1921 年，英国殖民政府决定在实里达建设第一个水上飞机兼空军基地，后来这里成为英国皇家空军部队远东总部。

1930 年，第一架商用飞机在实里达机场降落。

1931 年，在时任总督金文泰爵士策划之下，英国殖民政府选择在加冷盆地建设民用机场，于 1937 年 6 月建成。

1949 年，殖民政府计划兴建现代化的国际机场，1952 年，决定由英国政府贷款资助在巴耶利峇兴建，机场于1955年竣工。

第一架降落在巴耶利峇国际机场的飞机来自马来亚航空公司。后来巴耶利峇国际机场又不断扩建，包括延长跑道和建设旅客大厦。

二、机场建设的哲学

用什么样的格局规划新加坡航空的未来是关键。巴耶利峇和樟宜，其实最大的区别是未来的发展空间，所以首先要考虑的是新加坡要建设一个怎样的机场。

实际上，新加坡政府于1968年就已经觉察到有必要着手制定新的机场发展计划。历史上的英国殖民政府只顾眼前利益，当年选择在巴耶利峇建机场主要是因为那里容易施工，土地地质适宜，并没有用发展的眼光为新加坡的未来着想。随着世界经济的发展，巴耶利峇国际机场逐渐无法应付日益发展的民航热潮。

当新加坡政府决定建设樟宜机场时，樟宜机场一半的土地还处于被海水淹没的状况，可供使用的土地都是私人土地，政府必须征收才可使用，同时也没有支援这个国际机场的基本设施。也就是说，那时的樟宜机场还是一片空地。

1972年2月，新加坡内部接受一家英国顾问公司的建议，要在巴耶利峇国际机场修建第二条跑道，预定1977年或1978年启用。要建造这条跑道，实龙岗河就要改道腾出地方来。河床下泥土的承受力令人质疑，跑道工程将产生技术性问题。但是采取这个方法的土地成本最低，涉及重新徙置问题也最少，建议书也提到，如果把机场由巴耶利峇搬迁到位于樟宜的前英国空军基地，就不可能在1977年之前让两条跑道同时启用。不仅有很多人思考建设第二条跑道的后果，特别是扩大巴耶利峇国际机场的许多牵连关系，比如土地的清理、徙置、空气、噪声污染等。更重要的是，即使在巴耶利峇建设了第二条跑道，到20世纪80年代中期，随着飞机及航运搭客的增加，扩充后的机场也难以容纳，因为要在当地继续扩展第三条跑道几乎是不可能的。从长远来看，巴耶利峇国际机场的狭窄发展空间可能会损害到新加坡作为一个重要区域航空枢纽的地位。

新加坡地处亚细安心脏地带，这是世界经济增长最快的地区，发展潜能巨大。新加坡必须做好准备，应对亚太区民航业发展。樟宜机场土地广阔，将来能够进一步扩充，而且能够建设高速公路与市区相联系，这是当局做出最后决定的主要因素。

支持建造樟宜机场的人士认为，新加坡应该充分利用其战略性位置。要获得最大利益，机场就必须选择最好及最有效率的措施，所能提供的独特性及资源必须达到最高水平。所以，机场必须有完善的设备和灵活有效的经营管理，能够很好地配合航空技术的迅速发展，同时必须突出适当的土地保留计划，以备日后扩展。樟宜机场所需的面积是 1663 公顷，而巴耶利峇国际机场占地仅 285 公顷，约等于樟宜机场规模的 1/6。根据目前的计划，樟宜机场利用两条跑道每年可以应对 3000 万名搭客，需要时可增加到三或四条跑道，应对 6000 万名搭客没有问题。

兴建樟宜机场的计划确定后，当局立即派出两个机场策划小组前往海外，研究亚洲、欧洲和美洲各主要国际机场所采用的兴建计划。这两个小组经过广泛研究后，出台了一个既有其他机场优点又适宜本地需求的建设计划，最后被政府采纳。它包含两条平行的飞机跑道和旅客大厦、停机坪和在跑道中间设立的一座控制塔。

策划新的樟宜机场和设施的基本哲学是：既有伸缩性、简易的操作动能，又要经得起时间证明和考验。这个理念使得樟宜机场没有采用新的建筑概念和华丽的外表，反而相当重视机场内部的设计，旨在营造一种舒适、平静和愉快的环境。

机场外的景观在界线划定之前就已经开始建设了，机场工程开工时就已种植好树木，绿意盎然。一条青翠的道路引导旅客走向 78 米高的控制塔和舒适的旅客大厦。大厦内也种植了绿色植物小常青藤以及一些小型灌木和攀藤。

机场的建设分阶段进行：第一阶段建设一条跑道，一座只有 22.2 万平方米的旅客大厦，以应对截至20世纪80年代中期的需求。第二阶段增添另一条跑道、另一座旅客大厦和其他辅助设施。机场在建设第二条跑道时，由于经济原因缩短500米，后来才进行了延伸建设。

樟宜机场的室内环境舒适。新加坡政府既高瞻远瞩又实事求是，量力而行。这是新加坡的创举，是信心和协作的产物。以新机场那样的规模，一般要花上10年才能完成，他们却在6年内把樟宜机场建好了。其间拆除了好几百栋楼房，挖掘了数以千计的坟墓，清除沼泽地，往大海填土。新机场于1981年启用，成为当时亚洲最大的机场。

为了更好地推进这样大规模的工程计划，公共工程局在设计和管理方面采用了严密的处理方法。

1976年，樟宜机场蓝图完成时，港务局当年开始填海，优先填妥机场大厦土地。政府成立350人的樟宜机场发展组，监管机场建设。公共工程局为此出动了120名专家、技术及行政人员。工程总共动用了2500多名劳工、300名监工及180多名本地和外地建筑商与供应商专家。

为了更有效率地进行这项巨大的工程，整个建筑工程分为三个部分独立进行建设。每一个独立部分都拥有各自的工程师、测绘师、监督员、督工及工人。在短短36个月内完成了建设、装修、大厦的机械及电力供应、机场特别装置系统、园林及装饰设计等。公共工程局和承建商通力合作，克服了当时建筑劳工和材料短缺问题。

由于机场位于填土地带，土壤条件很差，必须加以巩固，所以当时大规模地采用了一种从未在新加坡使用过的垂直排水方法巩固土壤，这个方法在樟宜机场取得成功，后来在全国推广。

机场控制塔也是一项重大的成就，坐落在20层楼的控制塔是在地面上兴建的，然后用吊车安装上去，直至今天依然是樟宜机场的地标建筑。

政府特别成立了机场建设管理委员会，各司其职，同心协力。建屋发展局负责拆迁安置，公共工程局道路署负责交通，公园绿化署负责绿化美化机场，机场尚未完工，道路和绿化已经做好了。整个机场从策划、设计、拆迁、填土、兴建落成，都归功于政府部门和私人机构、企业的通力合作。

樟宜机场工程在人力资源方面也提供了一个很好的经验，就是构建了一个金字塔式的组织结构，更有效率地明确各项工程的进展情况，在问题发生时立刻察觉，尽快解决。即使面对很大的压力，这种组织关系，依然可以确保各组织之间关系融洽，合作紧密，工作轻松愉快。

樟宜机场工程的成功，说明新加坡朝向更高工艺和更高管理水平方面迈进了一大步。这个工程只在策划方面得到外国专家最低限度协助，各个分体系统的设计，大部分都是由本国建筑师和工程师承担。樟宜机场建设成功之后，得到了多个国家的认可和重视。

1993 年 6 月，民航局成立全资子公司樟宜机场企业私人有限公司，与需要的国家和地区展开全面合作和技术输出。例如，与中国广州白云机场、福州长乐机场，以及印度、印度尼西亚、菲律宾等国部分机场，在机场总蓝图策划、设计搭客大厦、机场程序、策划机场管理和训练等诸多方面都展开了密切合作。

20 世纪 80 年代中期是一个经济腾飞的年代，尤其是亚太地区，民航业发展迅速。根据民航局当时预测，到 1995 年，客流将超有过 2000 万人次，进出樟宜机场仅有一个搭客大厦将无法应对客流量。经过三年策划和设计，第二搭客大厦于 1984 年动工兴建并于 90 年代初落成。大厦主楼高六层，占地面积比第一搭客大厦的面积多出将近 1/3，使每位乘客能享受到机场的舒适和便利。第二搭客大厦的建设，保证了新加坡作为航空枢纽和卓越机场的地位。新加坡成为一个航空枢纽，并非只基于其战略位置。政府做出各种努力，使新加坡成为东南亚区域的繁忙机场之一。交通与通讯部采取开放的交通政策，与所有国家交换交通权，欢迎更多航线进来；也自由批准特许班机在新加坡营业，不遗余力给各航空公司和机场操作者提供有利环境。同时，不断建设最佳机场设施，与东南亚区域最佳机场设施取得平衡。

英国《泰晤士时报》曾报道：新加坡刻意要发展成为西方至远东和大洋洲的货运和旅运汇合处，使这个岛国成为东南亚的交通与通信中心。这项工程将使新加坡在交通与通信方面取得卓越成就，不仅对亚洲人产生巨大的吸引力，也必将确保新加坡成为欧美工商人士的投资中心，促进新加坡成为国际金融中心。

三、一个机场的优劣，人是最关键的因素

李光耀在他的回忆录中曾这样写道：“许多富有国家通过聘用外国承包商建造了漂亮的机场，可真正的挑战是如何妥善地管理机场，让搭客能够快速顺利地通过海关和移民检查，领回行李，然后搭车进城。要转机的话，搭客有休闲和办公的设备。”

一个机场工作做得多好，并不取决于它的布置和设备，而主要是机场的管理。所以，政府做出一切努力，在本地和海外训练管理人员，使他们具备必要的技能、知识和远见，可随时随地有效率地管理机场。樟宜机场基础设施的建设和发展，必须有人力资源相匹配，这样才能在21世纪更好地应对新加坡飞速发展的航空业。

卓越服务计划。为了使樟宜机场取得并一直保持世界卓越机场的荣誉和地位，民航局推行了一项“卓越服务计划”，以改进机场所有前线人员（警察、移民厅、关税署人员和民航接待员等）的服务水平，充分挖掘和发挥人的潜力，机场拨款作为发展和推行素质服务课程的费用。其实所有在机场工作和与旅客有接触的职工都应该扮演好他们的角色。樟宜机场航空的卓越服务得到了许多旅游及商务乘客的认同。机场也促请各家航空公司、地勤公司、机场商店、清洗和其他承包商为员工提供类似的课程。

1988年开始，民航局辖属的800多名第三级、第四级管理人员，在三年之内都接受了效率和应变技能方面的课程训练；受训学员的服务意识得到了强化，将会用更优质的服务确保机场的旅客们都能有愉快的体验。

起初有些人不理解“卓越”的意义，认为卓越是属于管理层或者高级人员的责任，而樟宜机场的成功证明，只有各个阶层都有卓越的表现，才能达至集体的卓越成就，机场卓越的意思是个人或集体都要竭尽所能。机场会对每年评

选出的优秀员工给予嘉奖，表彰他们的卓越服务，以亚细安国家的机票作为奖赏。同时，也为员工提供休闲和娱乐场所以及旅行休假的机会，为优秀者颁发奖励和奖状。“只有细心照顾员工，才能让他们提供卓越的服务”。为了保证机场商店和餐馆也提供高素质的服务，民航局要求只同进行了这些训练的承包商签订合约，以此促进承包商的素质教育提升。

民航局特别设立了民航训练中心，训练火灾、特别交通管制等应急能力，培训足够的管理人员接任各种航空交通管制职位。他们也被送到飞机驾驶员座舱学习飞行技术，派往国外进行连续访问，并到海外著名航空交通管制中心接受训练，包括航空交通服务、航空运输及航空和机场预先管理等，在联合国发展计划及哥伦坡技术协助计划下到海外实习。

先进的设备必须配合优秀的工作人员才能发挥最大效益，所以工作人员接受训练至关重要。机场内其他机场管制台的工作人员也要定期接受训练，这意味着每一位雇员都需要具有献身精神和群体协作意识。

樟宜起点计划。民航局于1987年7月推出了“樟宜起点计划”，目的是吸引更多的转机和过境旅客。民航局一方面加强自身素质和提高建设，另一方面不断推出推广活动和奖励计划。活动期间派发了将近100万份酒店住宿、观光购物折扣券及礼券送给到达樟宜机场的过境和转机旅客。获得优待券的旅客只要一年内再来新加坡，便可使用优待券获得折扣。这一举措在15个月内就吸引了一万多名转机和过境乘客再来新加坡使用优待券，收效显著。

自我更新和突破。1991年，樟宜机场连续四年获得机场大奖。为此，机场管理方专门做了个纪念小册子，让员工们都能够分享荣誉，鼓励每位员工努力扮演好自己的角色。同时，国际航空局势不断变化，不断面临新的挑战；机场管理规则也要不断超越、不断创新。实际上，樟宜机场曾创造了很多个第一：最短时间通关、最受喜爱的机场、最快转机的机场……正如当时的亲历者林福山所言：“我们创造了太多的第一，很多情况下，我们不是同别人竞争，而是同自己竞争，不断突破自己。如果有一天你自己不能突破自己了，别人就会突破你，超越你！”而且，樟宜机场的高效率、高标准是全方位的。机场不仅通关效率高，更在乎乘客感受——尤其是商务旅客，他们穿梭于世界各地，时间非常宝贵；基本诉求就是以最短时间进出机场，以便快速接洽商务。通过他们，樟宜机场的高效率、高品质服务被传播到全世界。

创造和调动一切积极因素。第二搭客大厦建成后，两座大厦之间的连接运用了空中小火车，灵感来自拉斯维加斯的空中小火车，这在全世界的飞机场是首创，引进之后效果很好。自动列车配合快捷有效的行李运输系统，使得过境旅客在1小时之内就能转乘飞机，受到乘客大力赞扬。

机场中的城市。樟宜机场未来面对的挑战将更加艰巨，很多人到新加坡研究樟宜机场成功的秘诀，并尝试复制硬件和软件。尽管樟宜机场在软件方面领先几年，但是其他机场会努力追上，因此机场需加快创新的步伐，不断提出新点子，更好地管理机场，并进一步提升服务，让乘客感受到樟宜机场超乎他人的友善。当第二搭客大厦启用的时候，机场管理方认识到樟宜机场已经不再是一座普通的机场，便提出了一个全新的航空领域服务概念，将樟宜机场发展成为一座“航空城”。所谓航空城就是“机场中的城市”。城市中设施完备，从商店到娱乐、健康休闲等应有尽有，宾至如归，以此吸引更多的旅客光顾。

新加坡航空城是世界首个拥有冷气候机大厅的机场，旅客抵达机场海关检查和领取行李平均时间不超过半小时，他们可以舒适地等候或购物。从第一搭客大厦到第二搭客大厦，乘坐小火车最多只需5分钟即可到达。航空城内有两个商务服务中心，四个全面用途大厅，几十家餐馆，上百家商店，银行、钱币兑换、医药、邮政等样样齐全。

新加坡旅游局督促新航和民航局积极推进樟宜起点计划的实施，同时在海外多个旅客来源地展开宣传活动。政府同时也计划第三和第四搭客大厦的设计和策划工作。1990年，政府明确表示将在未来10年之内投资16亿新元改善机场设施。

新加坡政府未雨绸缪的发展心态，使得樟宜机场一直走在世界的前列，而这一点又确实印证了选择樟宜建设机场的远见卓识和宏大格局。

樟宜机场的卓越服务，不只是给机场带来了荣誉，也吸引更多的游客来到新加坡，对新加坡的旅游业和整个国家经济做出了贡献。政府在行政政策方面的支持也非常及时、到位，深得人心。

四、樟宜机场的设备也是幕后功臣

樟宜机场的设备也是保证机场摘取桂冠的重要功臣。比如，耗资 2500 万新元的全天候班机资料显示系统、闭路电视、新电信提供的电视资讯服务（包括传真、贸易网络查询等），在当时都是领先世界的。

完全电脑化的旅客运输系统，让旅客从一个大厦到另一个大厦的时间只需要 1 分钟。在处理行李方面，机场要求，班机抵达 12 分钟内第一件行李必须抵达行李运输带，班机抵达 29 分钟后，所有行李必须全部抵达大厅。

为保证高效服务，机场耗资 8000 万新元加强电脑化作业，尤其是两座搭客大厦之间的行李运输系统，繁忙时刻 1 小时内可以处理 2000 件行李，并可在 3 分钟内从一座大厦运到另一座大厦。自动行李处理系统可在 1 小时内处理 17000 件行李，相当于 24 架 747 民航客机的货运容量。

机场所售商品的价格，一直是乘客敏感、机场又说不清楚的话题，仿佛机场所售商品理应高于市区。然而，新加坡机场开创了先例。

机场所售商品的价格必须低于或等于市区商场同款商品的价格，这使得新加坡机场具有绝对的购物竞争力，尤其是过境旅客可以在机场享受充分的购物乐趣，从而吸引旅客在新加坡转机或经停，留下美好的回忆。

机场管理者经常派人深入市区商场调查价格，也亲自到机场的商场查看价格，向乘客询问购物感受。

五、改革带来最高荣誉

1984 年 3 月，民航局改组为法定机构，政府的目的就是致力发展樟宜机场，使之尽快成为世界一流机场。改组后的民航局更名为新加坡民航局，就是为了以更高的服务水准将新加坡发展成为航空中心。民航局有权决定所提供服务的费用标准，同时也要将收费报告书提呈国会审阅。

民航局除了管理民事机场、提供航空交通服务，还有权制定与航空安全标准有关的规则与条例，以及向政府提供有关民航业的发展情况报告，同时也可全权处理民航局的财务。

民航局也被赋予一些特别的权力，包括让警方在不必发出拘捕令的情况下，逮捕任何触犯民航法令的犯罪嫌疑人。这一条例实际上很好地加强了当时机场的安全管理。

李光耀指出：改组后的民航局除了能更专注于航空业的管理角色，也必须同企业化的樟宜机场集团密切合作，以巩固新加坡的航空枢纽地位及规划未来的扩建计划。

开放航空政策。新加坡政府一贯采用开放的航空政策，尽量让外国航空公司使用樟宜机场。这个政策实施初期可能对新加坡航空不利，但是长远来看，却能吸引大量的外国航空公司在新加坡设立分支机构，使新加坡成为国际航空中心，樟宜机场和新加坡航空双双获益。

新加坡成立航空公司，不是为了炫耀财富或发展成为有利可图的机构，而是要凭借自己的能力生存。新加坡航空公司必须具备竞争和自给自足的能力，否则亏了钱就得关门大吉。其他国家经营航空公司是为了亮出国家旗帜，而新加坡航空没有这种本钱，所以公司存亡取决于它能不能赚钱。从一开始就明确了劳资双方应携手合作，协助新加坡航空踏上成功之路。

在李光耀的心里，新加坡的航空事业有更大的目标和视野。新加坡要走向世界，民航局应采取航空开放政策，使越来越多的国家与新加坡签订航空协议。航空开放的结果是大量旅客飞到新加坡将大大促进旅游业的兴旺，为新加坡经济打开了对外开放的大门。

1985 年，民航局定下目标，争取更多航空公司开辟新加坡航线，每年增加两三家。民航局派代表团游说欧洲各国航空公司，开辟到新加坡的航线或者经停樟宜机场，飞往其他国家或城市。这个活动以往是由各航空公司自己负责，民航局出面，其目的就是要把樟宜机场变成一个能和世界各地有直接航线联系的地点，最终把新加坡变成区域交通枢纽。在新加坡开放的航空政策下，许多欧洲和中东、中南美洲等国家，一年内相继派团到来，与机场签署航空合作协议。这不但协助新加坡发展成为重要的航空交叉点，也使得新加坡航空公司在计划飞行路线时有更大的灵活性。

新加坡采用了非保护主义的开放型航空政策，政府鼓励新加坡与所有国家自由交换航空交通权。1979 年，财政部部长韩瑞生就曾指出：航空开放政策和最高服务水准，确保了樟宜机场取得成功。新加坡的目标是要与更多国家和城市建立直接航空联系，并作为世界各国通往东南亚区域的出入口以及衔接本区域和世界各国的中心。

时任总理吴作栋也曾指出：虽然我们的航空公司在不受保护的情况下会有所损失，不过樟宜机场却因此而获益。扩大新加坡的航空网络并维持它作为航空枢纽的位置，比保护新航更重要。由此可以看出新加坡在国家层面对航空事业的期望和愿景。

1988 年 8 月，樟宜机场在国际商业刊物《国际旅人》调查中以 94 张多数票压倒荷兰的阿姆斯特丹机场，获选世界最佳机场。林金山说，这是非常激动人心的时刻，当时樟宜机场共获得 314 张选票，而第二名阿姆斯特丹机场仅获得 220 张选票，获得这样的荣誉不容易。该杂志的 24 万名读者中有 70% 是大集团公司总裁、董事经理及决策人，他们的要求非常高，要最快捷和方便地完成路途接洽商务工作。

1997 年，樟宜机场连续 10 年夺得世界最佳机场。同年，《商务旅客》杂志的调查表明，樟宜机场获得 53% 的支持票，远远高过排在第二名的希思罗机场。

《商务旅客》杂志当时的董事经理尼克·佩里先生称赞说："这是一项伟大的成就，樟宜机场受之无愧，反映了商务旅客对于新加坡在高瞻远瞩政策下发展出类拔萃世界水平机场的赞许。”他同时指出：旅客到一个国家最先接触的就是机场，而樟宜机场给人的印象是友善和高效率，充分反映了新加坡人民的特质。

2007年，樟宜机场制定长远规划总蓝图，时任交通与通讯部部长林双吉在国会辩论会上指出，樟宜机场的成功，取决于四大发展策略：发展硬体基础设施、提升机场软体水平、加强机场连接能力、实行开放的航空体制。这是对樟宜机场成功最准确的总结。说到底，樟宜机场的成功因素就是高瞻远瞩和人尽其心、人尽其力。樟宜机场在第二搭客大厦尚未正式完工之时，已经在计划第三甚至第四大厦的建设了，如果一开始没有大的格局，后来再大的计划也无法实施。还要特别感谢樟宜机场的雇主，他们鼓励每位员工尽心尽力，团结协作，并对每位表现优异的员工给予应得的奖励，大大地鼓舞了员工的士气和奉献精神。

樟宜机场的理念是追求卓越，永不言败。

根据官方统计，1984年，通过樟宜机场出入境的游客人数为840万，空托运货物只有29.8万吨，2016年樟宜机场处理的游客量再创新高，达到5816万人，航空货运方面，于2016年共处理货物197万吨。

2016年3月17日《联合早报》讯：樟宜机场再度获得国际认可，连续第四年获得世界最佳机场，这也是樟宜机场第七次登上英国咨询集团世界机场排行榜榜首。过去一年内，《联合早报》对106个国家共1325万名旅客发出了问卷调查，了解他们对全球550个机场在登机、过境程序及购物等39项服务指标的评价。文中还说，樟宜机场正在进行多项扩建，包括预计2017年启用的第四搭客大厦，以及分别在2019年以及2020年以后将建成的“Jewel”大厦和第五搭客大厦。

樟宜机场自1981年启用以来已经获得数百个机场表扬奖。李光耀总理在1989年国庆晚宴上说：（国家建设）尤其令他感到骄傲的是樟宜机场。事实证明这个决定是对的，樟宜机场已经成为新加坡民航业、旅游业以及航空和宇航业的雄厚资产。樟宜是新加坡东段景色迷人的一隅。由东海岸驱车进入市区，走的是一条通行无阻长达20千米填土建成的全新高速公路，一边是美丽的海景，另一边是由鳞次栉比的组屋和私人公寓构成的岛国风光。崭新的机场和那一段朝市区行驶20分钟一路上令人心旷神怡的路程，让游客留下美好的第一印象——这是新加坡投资的最有价值的15亿新元。

第十五章

为有源头活水来

—— 新加坡水资源综合利用的经验

“问渠那得清如许？为有源头活水来。”新加坡已经为自己创造了活水的源头，今天的新加坡早已“天光云影共徘徊”，未来的新加坡将更加美丽而富饶。

我们系统化地利用从天上掉下来的每一滴水，今天我国约有四分之三的面积已经是集水区。十年之后，全国都会是集水区。

——李光耀

水是生命之源。自然和政治的原因让新加坡在水源方面背负着生命的双重枷锁，枷锁不破，何谈自由和生存。

第二次世界大战期间，日本军队进攻新加坡前，先把马来西亚柔佛州到新加坡的输水管炸毁，切断新加坡供水，迫使英军在两周内投降。

新加坡国土面积狭小，地处高温多雨的赤道，年降水量达 2400 毫米，海拔低，无良好含水层，河流短促，蓄水能力差，属于水源性水资源缺乏的国家。再加上人口密度大，人均水资源占有量仅为 211 立方米，排世界倒数第二位。

新加坡一直以来依赖马来西亚供水。这种依赖可以追溯到 1927 年双方签署协议，新加坡开始从马来西亚的柔佛州购水。随着工业和人口的不断发展，新加坡国内的主要水源麦里芝、贝雅士和实里达蓄水池远远不能满足需求。1961 年新加坡市议会上，新加坡与马来西亚柔佛州签订《1961 年供水协议》，新加坡可以自由地使用蒲莱山和笨珍集水区以及地不佬河、士姑来河，协议有效期到 2011 年。1962 年双方再次签订《1962 年供水协议》，规定柔佛河每天为新加坡提供 2.5 亿加仑的水，协议有效期至 2061 年。

一、新加坡水务总体计划

1958 年，新加坡从马来西亚分离。根据分家协议，马来西亚政府保证供水给新加坡，如对方违反协议，新加坡可向联合国安全理事会提出申诉。一旦缺水情况紧迫，使新加坡陷入紧急状态，新加坡在必要时可强行进入马来西亚境内，修复遭到破坏的水管和机器，以恢复供水。

1971 年，李光耀在总理公署设立水务规划组，并且明确指示“在活命水面前，其他政策都得下跪”，突出水资源对其他政策的影响。

其实，那时候新加坡最亟待解决的问题还不是水，而是经济和公共住宅。但是，李光耀以其远见和忧患意识，督促总理公署在 1971 年成立了水务规划组，协助 1963 年成立的公用事业局开展工作。1972 年，新加坡第一份《水务总体计划》出台。在起草水务计划的初期，新加坡邀请以色列的水务专家帮助研究，力求更好地解决水的问题。研究发现，新加坡虽然有大量的雨水，但一部分蒸发了，一部分污染了，一部分流走了，这是必须面对的现实问题。就这样，在没有任何外援的情况下，新加坡第一份《水务总体计划》诞生了。

根据这份总体计划，新加坡必须保证 75% 的用水自给自足，即使柔佛州供水出了问题，新加坡的生活用水也不会受太大影响。但是，政府很快发现，随着家庭用水和工业需求的不断增长，75% 的供水比例远远不够，同时还必须应对“洪灾”的挑战，因为新加坡 30% 的土地仅高出海平面不足五米。1969 年 12 月，新加坡暴雨，二十九个地区被淹，造成 430 万新元的损失和五人死亡的严重洪涝灾害。

面对新加坡的缺水现状，新加坡重要水务方案成功地构建了新加坡优秀的水务管理系统。

二、五条活水供狮城

2011 年 8 月，新马《1961 年供水协议》50 年期限到了。8 月 31 日，新加坡公用事业局主席和柔佛州秘书奥贝达威尔，在蒲莱山食水过滤厂水坝签署了移交水供设施的文件，新方把设在蒲莱山和士姑来的食水过滤厂，以及位于笨珍和地不佬的抽水站等水务资产，免费移交给柔佛州政府。柔佛州苏丹依布拉欣、新加坡环境与水源部长维文、柔佛州大臣阿都干尼以及两国高官共同见证了这项历史性的移交仪式。双方在平和友好的气氛中结束了长达 50 年的“生死协议”，套在新加坡脖子上的水源枷锁被解除了。

对于这份等待了将近半个世纪的激动，时任公用事业局陈主席却说：“当时确实没有太多的感觉，因为这些年所做的就是这一件事，为新加坡创造活命水，早就知道这一刻迟早会到来！”

李光耀有先见之明，在新加坡和马来西亚分家之前，已确保两项供水协议被正式纳入新马分家协议，并且写入马来西亚宪法。

然而，就在新加坡独立的当天，马来西亚的第一位总理东姑·阿都·拉曼却对英军驻吉隆坡的高级官员说：“新加坡如果不顺我的意，我就切断水供。”

1969 年，新加坡发生了洪涝，新加坡如此缺水，却又因为洪水带来灾难。“这是多么矛盾的情况，如果能够妥善地收集并好好利用这些雨水，该多好呢。”

尽管《水务总体计划》建议考虑非传统水源，比如，那时候已经提出了再生水和海水淡化的概念和设想，时任总理李光耀也非常支持这些大胆的设想，但是由于技术成本太高，技术方面也存在较大的不确定性，大面积应用尚无可靠基础，这两项计划只好搁置。20 世纪七八十年代，新加坡经济高速增长，水务问题迫在眉睫，他们把精力主要放在建设国内水源方面。

水务工作依赖于经济发展和科技支持，新加坡必须面对现实，实事求是。在条件还未成熟时，要不断为未来夯实基础，直指目标，等一切条件具备了再一举翻盘。

（一）创造第一个水喉——挖潜国内水源，扩大集水区

新加坡的国内水源，主要是指来自蓄水池和河流的水，包括早期已经建立的受保护的麦里芝、贝雅士和实里达蓄水池。

在《水务总体计划》的指导下，为增加供水，扩建了实里达蓄水池和贝雅士蓄水池的容量。在实里达蓄水池建造了一个系统，抽取邻近七条河的生水，再由水泵把水引入蓄水池中。在贝雅士蓄水池上游加高了水坝，增加了水池的蓄水量。

随着公共住宅计划的推广和工业用地的强劲需求，新加坡可用来建设受保

护集水区的土地越来越少，政府马上开始建设未保护集水区和城市集水区。

1975 年，第一个未保护集水区落成。这些集水区的周边只允许可以互相兼容或污染较轻的土地开发，比如房地产和轻工业。但是集水区和公共住宅用地之间的矛盾还是时有发生。20 世纪 80 年代初，建屋发展局决定在 1982 年至 1985 年之间，在未保护集水区新建 14 万套公共组屋，包括勿洛和实里达河地区。环境部和国家发展部及建屋发展局进行了长时间磋商，内阁于 1983 年通过了“集水区”政策，指导类似项目的开发，政策规定公共和私有部门可以在未保护集水区开发土地，但是必须控制在 34.1% 的“城镇化”上限内，上限范围不包括水面面积，必须遵守每公顷 198 户住宅的人口密度限制，并且严格控制污染。

1986 年，第一个城市集水区实里达河和勿洛水供计划完成。

建立城市集水区，主要工作是与人打交道，实里达河地区有相当多的养猪场，污水和粪便都排入河流，为了保持河水达到集水区的要求，不得不淘汰所有的养猪场，这个工作在相当大的程度上考验政府的决心，政府做了大量工作并给了养猪户搬迁补偿。

勿洛一带比较落后，过去是采沙场，环境部和建屋发展局互相协作，通过各项指导方针和政策，严格控制污染。市区重建局将集水区的大部分土地规划为公共住宅和轻工业。建屋发展局在住宅项目区采用排水管网，取得了非常好的效果。勿洛镇发展起来了，化验报告显示，这个地区的水质竟然比受保护集水区的水质还要好。

（二）十年清河，十年河清——清理新加坡河和加冷盆地

当时，为了在城市地区收集雨水并在城区建立集水区，最大的工程是治理被污染的河流。

清理新加坡河和加冷盆地的总体计划在 1977 年 10 月起草完毕。20 世纪 70 年代，这两个集水区加起来占新加坡土地面积的 30%。新加坡河穿过新加坡的中央地带，河两边居民非常多，由于缺乏污水处理设备和排污控制，所以新加坡河一度犹如废水沟。

环境部第一任部长林金山先生在 1973 年曾经说：“20 年前，在武吉知马、

加冷、芽笼和梧槽的河道还能抓到鱼……现在甚至连吃鱼的虫子都看不见了。”

按照1971年概念规划，这里将相继建起新的商务中心和办公大楼，急需清理这一带的水域。1977年，总理李光耀下达了艰巨的任务：“十年清河，十年河清。”雄心万丈的计划是清理新加坡河和加冷盆地，把鱼儿引回这两条河。为了显示决心，李光耀承诺为每一位清理工作成功的官员颁发一枚金牌。

当时主导这个项目的李一添曾经说：“他（指李光耀）的目的很明确。他从未告诉大家如何清理河道，任由工程师采取行动，并给予完全的支持。”

除了公用事业局外，河流清理工作组还包括国家发展部、贸易与工业部、通讯及新闻部、律政部以及建屋发展局、市区重建局、裕廊镇管理局、公共工程局、原产局、新加坡港务局和公园与游乐署。

为了减少污染源，总体计划除了强调清理的技术外，还特别注重改变人们的生活方式。

新加坡河的清污工作，强化了新加坡在发展的初期，通过建立彼此分离的排水和污水系统，从源头治理污染的重要意义。这些系统为新加坡未来的环境治理奠定了基础。清理河道为新加坡实现环境目标和长期经济发展铺平了道路。在这个过程中，养猪、纺织、驳船运输等污染环境的经济活动逐渐被淘汰。居民的卫生和生活习惯大大改变，疾病、伊蚊等危害人民健康的社会问题得到大幅改善。

清河工程在当时是一个庞大又艰难的项目。集水区附近约有46000名棚户区居民，合计26000家住户、610个养猪场和2800个个体工商户参与了安置计划。受影响的新加坡公民和营业商家都被重新安置到建屋发展局的政府组屋，并得到赔偿。非公民则可以用相对低廉的价格租住政府组屋。近5000名街头小贩被重新安置。蔬菜批发商则迁往巴西班让批发市场。

居民重新安置是直截了当的解决方案。政府在整个项目中的任务主要是制定政策与目标，不能只把人赶出棚户区或者从大街上赶走，政府总会给他们提供出路。

猪的排泄量是人的6倍，610个养猪场超过6万头猪的粪便都要排到河里去，对环境尤其是河水造成严重污染。当时原产局曾想保护养猪业，因为到了战时，养猪业可以提供战略性的食物供给。他们把养猪业都迁到了榜鹅。

20 世纪 80 年代中期，污染问题依然难以解决，政府决定取缔养猪业，以消灭所有污染环境和破坏公共卫生的活动，节约新加坡有限的土地和水资源。原产局提出按照商业的方法处理污染物，内阁同意继续保留养猪业，但是新加坡没有农业，猪饲料全部依赖进口。时任财政部部长吴庆瑞得知后问："既然饲料都是进口的，为什么我们不直接进口猪肉呢?"他坚决不同意保留养猪场，养猪场不得不强行关闭。这一举措大大减少了排泄到加冷盆地的有机污染物。

可是淘汰养猪场非常困难，政府曾经一度以每平方米 205 新元的价格购买养猪场，许多农民仍然不满，也无法适应。后来李光耀总理也回忆说，农民认为政府破坏了他们的生活方式，许多年以后，一部分农民投票时，仍然反对执政党。

清河工程历时十年，于 1987 年全部竣工。政府共投入 3 亿新元，还不包括搬迁赔偿费。这十年，新加坡的经济和环境都发生了巨大变化。

新加坡成功跻身亚洲四小龙，并被誉为世界"花园城市"。

1987 年 9 月 2 日，李光耀在"清河纪念仪式"上，为该项目主要负责人环境部常任秘书李一添颁发了"清理新加坡河"金牌，包括陈义辅在内有十大功臣。这十位主要部门的负责人各获得十盎司金牌嘉奖。

1993 年，温思敏博士到新加坡河钓鱼，真的钓到了一条。河里清洁了，人们的生活质量也有所提高。全岛各地的地价都大幅上升，尤其是在市区与河流和水道附近的地段。他们向印度尼西亚买沙，覆盖了加冷盆地沿岸的泥土。如今人们可以在加冷盆地晒太阳和滑水。河畔的共管式公寓取代了难看的小船厂。新加坡河两岸都铺设了人行道，河边的旧店屋和货仓翻新了，成为餐馆、咖啡座、商店和酒店。人们在河畔饮酒用餐，华族的传统驳船晚上停靠在河边，也成为露天用餐的地点。对那些仍然清楚记得新加坡河作为下水道的人们来说，这一切改变犹如一场梦。而今天的加冷河畔，更是风姿绰约，尤其是国家体育馆雄伟豪迈，引人注目。

清河工程其实是一个综合性工程，涉及了新加坡发展建设的各个方面。尤其在环境和经济发展的冲突方面，政府开始厘清脉络，纠正早期忽视的问题，真正落实经济发展和环境保护相平衡的政策，从源头根治污染。这不仅是对水资源的保护，更显示了政府保护环境这个大概念的决心。同时，这个项目也给了政府很大的启示和鼓舞，使其重新考虑城市排水、污水处理和回收。

清河工程的成功，促成了后来的滨海堤坝工程，当时李光耀提出了一个大胆的设想，在滨海入海口建立一座堤坝，形成一个巨大的湖，不仅可以用来排洪泄洪，还可以储存淡水，成为城市集水区的一部分。清理新加坡河的成功经验，让滨海蓄水池工程变得切实可行。该工程始建于2005年，当时薄膜技术已经通过新生水检测，使运作和维护的成本降低。2008年，李显龙总理宣布滨海堤坝正式启用。2010年11月20日，时任国务资政的李光耀宣布滨海堤坝成为新加坡第十五座淡水蓄水池，能够满足新加坡10%以上的用水需求，集水区涵盖范围全国最大，超过1万公顷，相当于新加坡国土面积的1/6。

（三）创造第二个水喉——引入新生水

新生水的原理来自反渗透技术，是20世纪60年代发展起来的一项新的膜分离技术，指依靠反渗透膜在压力下使溶液中的溶剂与溶质进行分离的过程，主要为太空人使用。美国太空署在20世纪60年代开始投入研究。

1998年，新加坡派佘海利先生、吴清文先生两位工程师前往美国学习生产再生水。在两周的时间里，他们夜以继日、马不停蹄地访问了南加利福尼亚和佛罗里达，全面学习各种传统和半传统的回收技术，并学会了使用薄膜技术。

两位工程师评估认为水回收可行的两天之后，决定在勿洛建立一座供水量为每天220万加仑的水回收示范厂。该厂于2005年投入运行后，相关人员立刻开始研究，展开了为期两年的密集实验，对150个再生水的水质参数进行了两万多次检测，确保再生水符合世界卫生组织饮用水的指导标准，而且长期饮用没有健康风险。

新加坡当地的专家和国外的专家组成独立的专家组，负责确认再生水的可用性。新生水的概念不是新加坡独创的，也不是新加坡研发的，但是这个名字是新加坡唱响的。

20世纪60年代后期，公共工程局起草了《污水处理总体计划》（后改名为《用后水处理总体计划》），随着新加坡人口和经济的快速发展，污水处理的压力不断增加。1971年，主要的公共污水处理系统只覆盖了57%的人口，其余的人，只能依赖粪便收集车或其他污水处理方式。公共工程局制订相应计划，迅速扩展污水处理网络，对现有污水管道进行延伸和改道，扩建污水处理厂，在全岛划分六大集水区，每个集水区建有一个中央污水处理厂。

1972 年，环境部成立排水司，负责管理雨水防洪缓洪，启动并完成武吉知马一期和二期缓洪计划以及奥匹拉园水泵排水计划。20 世纪 70 年代，排水司与市区重建局、建屋发展局共同制定了《排水总体计划》。为确保新的土地开发为排水系统留出足够的空间，国家发展部规划署规定，在其负责的规划和建造控制行政程序中，排水系统的技术问题必须咨询排水司，严格要求任何新开发提案的每个阶段，都必须咨询排水司，而排水司则负责提出排水要求，确保排水要求符合《排水总体计划》。

20 世纪七八十年代，新加坡共投入 18 亿新元用于污水和用后水处理设施的建设。截至 1991 年，用后水处理综合网络和服务已经覆盖新加坡 98% 的地区。

所有这些改善污水管道和下水管道的早期工作，都对 20 世纪 90 年代研发新生水产生了重大影响。因为那个时候新加坡已经认真考虑把水回收处理，作为一种饮用水的水源。

其实，新加坡公用事业局在 1974 年就开始进行污水处理和回收实验，引进再生水技术。1974 年 10 月，公用事业局和环境部共同发起并在裕廊工业污水处理厂启动该项目。1975 年 1 月，公用事业局水供回收署项目顾问陈丁发先生喝下了第一杯再生水，但是实验结束之后该水回收厂就关闭了。因为当时技术的可靠性仍受质疑，经济和技术支持力度均不够，新加坡尚不打算推进新生水的研发。

开发新生水的设想一直影响着新加坡的水务发展，公用事业局始终掌握最前沿的水回收技术。20 世纪 90 年代，更多制造商生产出优质薄膜，薄膜成本也降低了 50%，反渗透和过滤技术价格因此降低。新加坡生产的新生水，像蓄水池里的水一样可以间接饮用，完全符合国家标准。

在国外，虽然新生水研发成功很多年，但一直不被广泛接受。新生水指导委员会研究发现，主要原因是心理和情绪的反应。比如再生水的“再”就蕴含用后水的意思，容易让人产生联想。于是委员们就想给产品起一个新颖的名字。当时有人提议叫“新生水”。

“新”和“再”的不同是，“新”就是第一次，不会让人产生用后水的联想，这就是语言的精妙之处。

有了一个好的名字，如何把它推荐给公众呢？新生水的团队立刻想到，必须用最贴近民众的宣传方法，政府官员、各部长、议员带头组织大众教育。许多基层领袖和政治家也受邀参观示范基地。大家各出奇招，将示范基地“出水室”刻意粉刷成白色，展示新生水的纯净，还给出水室起了一个昵称——“按摩浴缸”。

清晰可见的泡沫洁白无瑕，与室内背景形成强烈的视觉冲击，令人感受深刻。不管是议员还是基层领袖，也包括邀请来参观的普通民众，第一次看到如此洁净无味的新生水都十分感叹。在新加坡，人们对新生水的厌恶心理和负面情绪基本没有形成，就兴高采烈地接受了。

公用事业局生产瓶装新生水供大家品尝，还成立新生水访客中心。2002 年国庆典礼，6 万民众与时任总理吴作栋先生共饮新生水，为新加坡国庆干杯，这个场景被永远记载在新加坡的史册。

新加坡在新生水方面最初的成功，不仅仅在于研发，更重要的是快速反应和广泛的宣传，今天新生水正在为新加坡创造无限的价值。

《李光耀回忆录》记载，“我们花了 36.5 亿新元在地下挖掘很深的隧道，就是为了把污水循环成新生水。”

新加坡早期污物的处理，特别是粪便的处理，单靠英国人留下来的污水处理系统是完全不够的。当时污水管道系统主要设置在相对富裕的集中居住区，而当时全国 50% 以上是棚户区，污物粪便的处理靠的全是人力。

环卫工人将收集污物和粪便的桶放在集中放置区，人们将污物和粪便倒在桶里。每天都有环卫工人将这些塞满污物的桶运送到污水处理厂，然后换回干净的收集桶放回原处。

这不是一项简单的工作，这些环卫工人放置的是干净的桶，来收取的时候却是肮脏充满异味的桶。棚户区的路况复杂，很多情况下可以说是没有路，不但搬运困难，有时候还会弄得满身污物。他们还必须到处查看，快速地清理、运走填满污物的粪便桶。运到污水处理厂后，还要把桶里的粪便和污物倒在一个槽里，这些也都是人工操作的。工人们每天都与这些污物和粪便打交道，甚至就在这些桶的旁边吃下他们的午餐。今天大家或许会说他们已经习惯了，他们有的人甚至已经做了一二十年。可是，当你真的看到这一切，内心是非常震撼的。

20世纪80年代，排污管道基本已经覆盖了全国，政府决定停用所有的粪便桶，这个行业就此消失。虽然这是一件好事，但是面对的一个艰难选择就是裁员。尽管政府承诺给予工人大量的裁员补贴，但是依然觉得难以做出这个决定，因为环卫工人们的工作为新加坡作出了巨大的贡献。他们的工作不只是防止水的污染，还包括整个环境、空气和卫生。新加坡人口密集、气候潮湿、疾病传播速度非常快，在污水管道设施不健全的那些日子里，是他们的辛劳保证了新加坡早期的健康、卫生和发展。环卫工人也是新加坡的建设者，今天的新加坡真的来之不易，新加坡要永远记得他们。李光耀曾经说，这些粪便桶是新加坡贫穷的见证；淘汰了这些粪便桶，就摘掉了新加坡贫穷的帽子，这是新加坡故事的一个转折点，非常难忘！

（四）创造第三个水喉——海水淡化

为确保下一代水供源源不绝，新加坡必须不断寻找多元化的水供来源，以确保水供稳定。随着新生水技术的成功和不断深化，海水淡化成为轻而易举之事。

新加坡四面环海，海水淡化技术让新加坡的大小河流都可以成为水供来源，可以把集水区的面积提高至超过90%。他们通过两项先进的海水淡化科技：膜蒸馏系统和双用海水淡化器，以更低成本淡化海水。

双用海水淡化器出自公用事业局工程师的构思，运作原理是在机器感应水源的盐性后，自行启动海水淡化程序或新生水处理程序。

（五）神奇的水回路

新加坡国家四大水喉中的三大国内水喉——集水区、新生水和海水淡化，一并通过水回路系统，使之发展成为大型自给自足的供水系统。

2001年，公用事业局从贸易与工业部分离，与环境部下属的排污司和排水司合并。公用事业局卸下能源及相关职能，完全专注于水务管理。按照2001年的《公用事业法》，公用事业局负责整个水回路的所有运作节点，包括集水区网络、排水和污水处理系统、新生水和海水淡化。水回路系统为整个新加坡可持续供水奠定了基础。

1995 年，公用事业局、市区重建局、贸易与工业部和新加坡科技研究局的官员组团，到沙特阿拉伯、阿拉伯联合酋长国和马耳他等国家考察海水淡化技术和管理。1999 年，新加坡内阁批准建造第一座海水淡化厂。2003 年，公用事业局与凯发集团属下的新泉海水淡化厂签订合约，开启了公用事业局第一个与私营伙伴合作的项目。2005 年，李显龙总理宣布生产淡化海水，开启新加坡水源的新水喉。

三、新加坡的水务经验与教训

（一）要有长期的科学发展观和忧患意识

公用事业局的专业职员几十年来默默付出，对他们来说，这不只是工作，更是一项使命。水资源是一个国家的首要资源，不管是水资源缺乏还是丰富的国家，水永远都是一个国家的政治、经济命脉。

水务规划一定要坚持长远的科学发展观，政治领袖一定要有使命感和忧患意识。正是因为李光耀总理的前瞻性和深沉的忧患意识，让新加坡的水务发展一开始就与国家经济发展和人民生活密切配合。即使在建国初期，经济发展最紧迫的时期，也绝对不会因为追求经济效益而忽视保护水资源。新加坡坚持经济发展和环境保护一起抓，值得许多发展中国家借鉴。

新加坡的水务规划和项目，都蕴含着长远的科学理念，而且非常高效务实。

新生水项目的重要性和里程碑意义自不必说。近几年启动的深隧道阴沟系统，就是一项效率和性价比都很高的可持续性方案，能满足新加坡对用后水收集、处理、回收和排放的长期需要。这一方案与新生水技术相配合，将彻底解决新加坡的水源问题，让新加坡“为有源头活水来”成为永久的现实。

（二）水资源的发展严重依赖经济和科技的发展

国家必须对水资源实行良好的管控措施。从有了愿景到变成现实，新加坡寻找和创建自己的水源经历了一个漫长的过程，最宝贵的经验就是，水务发展离不开经济力量和科技的支持。比如，新生水和海水淡化项目在 20 世纪六七十年代就被注意到了，但是建国初期，从经济和科技能力上都不支持对项目的研发，政府就实事求是地开展其他项目，同时密切留意和关注全球水务最新科技和发展趋势。等到国家经济强盛了，技术成熟了，马上启动相关研究。

新加坡不像其他国家，不认为水是公共产品。自20世纪70年代开始，新加坡就尝试通过定价体系、奖励方案、法律法规等政策手段对用水实行管控。

新加坡的水定价系统一直遵循边际成本定价原则，让新加坡成为世界上可以收回水成本的为数不多的国家之一。新加坡也依靠征收节水税、安装节水装置、减少未计量水、管理耗水产业等措施进行管控。一些国家未计量水可以高达30%，而新加坡20世纪80年代为11%，90年代降至5%。目前新加坡是全世界未计量水最低的国家之一。

（三）广泛的公共大众教育

水与人民生活息息相关，必须靠大家共同的维护和爱惜，每个人都有珍惜水源、节约用水的社会责任。新加坡政府非常重视全民节水意识，通过各种方式号召鼓励民众节约用水，养成良好的节水习惯。新加坡经历了20世纪60年代的缺水、70年代的治水、90年代的节约用水，“水是宝贵的”这一观念已经逐渐形成。为了使爱护水源意识深入人心，公用事业局开始考虑赋予水社会效益，“让公众与水更亲近”，从而自觉与水融为一体。

公用事业局推出“活跃、优美、清洁——全民共享水源计划”。曾经担任公用事业局总裁的邱鼎财先生认为，要确保新加坡水资源的长期可持续供应，公用事业局就要与公众成为合作伙伴，共同努力，使公众自觉主动地保护水源，节约用水。

李显龙总理对此也非常支持：“过去，我们让民众远离水资源，以求保护水资源，而现在，我们让公众与水更亲近，使得大众更好地享受和珍惜水资源。”

有人不理解地问，为什么这个计划不让公园局做？公用事业局有责任实行这一计划并进行全民教育。环境教育非常重要，如果公众都明白了保持环境清洁的重要性，就会自觉维护，绝对不会污染水源了。

（四）赋予水新的生命和价值

新加坡投入大量资金发展技术，开始是为了解决自身严重缺水的问题，随着项目的成功，大量水企业兴起，为新生水和海水淡化的生产价值链提供服务。

新加坡政府看到水产业的前景，积极鼓励帮助这一产业链形成和成熟，促进水工业的诞生。

水不只是一件消费品，也逐渐变成了效益品，可以创造更大的价值。公用事业局于2008年启动了新加坡国际水资源周，每两年的国际水资源周都会颁发李光耀水源奖，大大鼓励并促进了国际水资源的开发利用和价值再创造。

“我长期背负着水源的压力，从第一天开始，直到新生水面世为止。我一直专注于保障我们的水供，直到有了新生水。即使我不再是总理之后，我仍要求每个月获得一份全面的报告，以了解进展如何了。没人比我更了解水源状况。”《李光耀回忆录》中记载道。

用水面对的最大挑战是自然的挑战，气候变化没有人可以预料，因此密切留意水务最新科研发展十分重要。但愿科技最终有助于应对气候变化带来的挑战。公用事业局通过与水务公司、科研机构，甚至个别专家的合作来确保时刻掌握业界动向，而每两年举行的新加坡国际水资源周，则可成为不同知识与科技分享的交流平台。

对于新加坡，可以看到的未来，就是政府将依赖技术手段，争取最晚在2060年之前，把新加坡90%的土地变成集水区。

第十六章

编织绿色传奇

—— 新加坡花园城市密码

一座精心养护，规划合理的花园的背后，一定有一位敬业能干的园丁。因此，一座维护良好，有吸引力的城市，必定需要一个尽心尽力工作高效的政府。

新加坡不是由钢筋水泥筑成，而是由有热忱、互相关怀及守望相助的人组成。

——李光耀

花园城市建设成为新加坡国家建设的主导思路和发展框架，更因其平等意识和民本思想，让花园城市建设深得民心。花园城市不只是一个物质的概念，更是一种精神的体现，是新加坡国家的象征。人民和国家一起成长至今，新加坡成为世界的传奇。

一、政治领袖拉开花园城市建设序幕

1959 年，新加坡取得自治，开始了快速的工业化发展和城市建设，环境遭到严重破坏。李光耀曾经感慨地说："为了盖房子，我们每砍十棵树，才种一棵树。"强烈的忧患意识，让李光耀觉得，长此以往，新加坡将会变成钢筋水泥的国度，于是他提出了绿化新加坡的构想，指示在新修的道路两旁、交通环岛、住宅区、学校操场、停车场、各处空地等栽种具有高大树冠的乔木。

1967 年，植树绿化运动开始聚焦到一个重点上，李光耀宣布了将新加坡打造成花园城市的愿景。当年，新加坡就设立了公园与林木处，隶属公共工程局。1971 年 11 月 7 日，李光耀率领政坛人士在全国 58 个选区开展植树活动，宣布以后每年 11 月的第一个星期日为全国植树日，这是花园城市建设的一个标志性事件。政府通过建立国家植树节，将植树绿化写进法规，成为国家和人民的自觉行动。

1970 年，花园城市行动委员会正式成立，首任主席由国家发展部常任秘书郑东发先生担任，成员单位包括国家发展部、公共工程局、公园与林木处、新加坡植物园以及原产局。花园城市行动委员会既是配合协调机构，某种意义上说也是决策机构。委员会每月召开一次会议，总结回顾工程进度，针对工程进度和出现的问题制定新的计划和办法。花园城市行动委员会以及与绿化和环境相关的各个部门的共同目标就是保证花园城市计划顺利有效地实施，终极目标是把新加坡打造成一个美丽的花园城市。

随着花园城市建设的推进，相关部门和机构不断整合，以更好地配合工作。1973 年，公园与林木处和新加坡植物园合并，组建了公园与游乐署，隶属公共工程局。到 1976 年，公园与游乐署又从公共工程局分离出来，成为国家发展部直属部门，这也被视为花园城市计划走向成熟的重要标志。实际上，花园城市建设并不是某个机构或单独部门可以完成的，其中的公园与游乐署只是具体执行部门，其他部门的支持配合也至关重要——特别是李光耀总理的支持。

大概是 1978 年，新加坡正在组织樟宜机场绿化工程。李光耀总理亲自召开工作会议，好几位部长和常任秘书到会。李光耀给了很多指示，讲了两个多小时，并对公园与游乐署负责人说："你知道为什么会议邀你参加吗？因为当第一架飞机降落的时候，我要让飞机上的人看到的是栽培的葱绿植被，而不只是野生植被。"当时在总理办公室担任常任秘书的侯永昌先生知道这件事后，曾经对李光耀总理说，种树是很费钱的，李光耀说他知道，同时还说，"种一棵树如果需要 1 新元，但每年却需拿出至少 2 角钱来维护，所以，一定要给公园与游乐署拨钱。"

那时，财政部主要关注经济领域和公共住宅的投资，如果不是李光耀总理坚定的信念和意志力，很多大项目就无法实现。东海岸公园、樟宜机场绿化、西海岸公园等，在早期为新加坡花园城市形象增添了姿色，赢得了荣誉。

二、让绿化行动有法可依

1970 年 1 月 25 日，新加坡国会通过了《树木与植物法》，规定："在没有事先书面允许的情况下，任何人不得砍伐和毁坏距地面 2 英尺（约 0.6 米）处测量周长超过 5 英尺（约 1.5 米）的树木。"

政府制定了各项政策和措施，一方面是植树和绿化技术性指标，另一方面是保护环境和绿化必须遵循的法律、法规，同时也制定严格的保护树木法令和破坏绿化的惩罚条款。《1975 年公园树木法令》《1976 年公园树木规则》相继出台，对破坏树木和绿化的行为作了具体的界定，同时确定了处罚条款，让绿化行动有法可依。

政府也通过一系列具体的植树绿化方针，栽植指南、植物管理及维护的方法和注意事项，对绿化工作进行详细的监督和指导。

1972—1989 年，植树节由公园与游乐署负责策划。到 1990 年，第一届清洁与绿化周开始举办，植树节成为常年清洁与绿化周的重头戏。政府除了平时大力宣传植树绿化之外，特别借助每年一度的植树节，掀起全国植树热潮，鼓励人人植树、种花，参与绿化行动。每年的植树节，社区领袖、政治领导人都积极参与，在全国各区展开种树活动。

时任国家发展部政务次长何振春先生在首届植树节记者会上说："政府在最近几年努力让新加坡成为花园城市，我们建立了更多的公园，私人和公众也有责任贡献一分力量，让新加坡保持青翠和美丽。""要使新加坡清洁与青翠，有赖于新加坡人民的合作，希望每个新加坡公民，参加及支持集体的或个别家庭的植树运动。"

新加坡也展开儿童植树运动，1971 年植树节，时任卫生部部长蔡善进先生，亲自率领 1000 多名学生参加植树，有的学生家长也参与其中，场面十分壮观。资料显示，每一年的植树节当天，全国植树数量达 2 万 ~ 3 万棵。加上新加坡自然保护区的树木和国家公园局（及其前身公园与游乐署）自 20 世纪 60 年代起所种植的植物，新加坡的绿化覆盖率将近 50%。这是世界上许多城市难以达到的。

建国初期，尽管经济发展需求强劲，政府依然将建设清洁绿色的新加坡作为提升国家形象的一项战略决策。

新加坡在 1958 年通过了第一部总体规划，以当时的《大伦敦计划》为蓝本，建议性地将绿化带在城镇地图上做了简单标注。独立以后，政府委托联合国开发计划署帮其制定了 1971 年概念规划，尽管那时花园城市建设计划已经启动，但尚未体现在国家规划之中。随着花园城市建设日渐成熟，新加坡被世界公认为花园城市，更激起了政府建设花园城市的热情。

20 世纪 80 年代以后，政府开始注意到国家规划对花园城市建设的重要指导意义。1985 年，市区重建局在修订总体规划时，将开放性空间定义为：计划被保留下来用作景观美化、休闲和娱乐的土地。

80 年代，新加坡已经在 3000 多公顷的开放性空间和娱乐用地上建设了 32 个公园，面积从 0. 8 公顷到 206 公顷不等，并出台了关于公园绿地的国家标准，规定每千人平均享有公园绿地 0. 8 公顷。由市区重建局引导完成的 1991 年概念规划中的一个重大突破和创新，就是包含了《绿色和蓝色计划》，将建设花园城市的构想和决策纳入了国家总规划，对花园城市建设做出了详细而精确的描述。

三、使花园城市愿景成为国家长期战略蓝图

绿化伊始，政府就十分重视对自然保护区的管制。1951 年，新加坡颁布了《自然保护区条例》，是目前《国家公园法》的前身，还成立了自然保护区管理局。1987 年，马来亚自然协会的新加坡分会提出保护新加坡西北部双溪布洛红树林，为迁徙的鸟类提供保护区和中途栖息地。在马来亚自然协会、英国野生鸟类与湿地基金会和世界自然基金会专家的帮助下，新加坡建立起了双溪布洛自然公园，为候鸟提供保护区。公园面积达 87 公顷，于 1993 年正式开放。

1992 年环境部出台的《绿色计划总蓝图》规定，将 5% 的土地用作自然保护区（过去只有 3%）。目前，全国共四处受法律保护的自然保护区，即武吉知马天然保护区、双溪布洛湿地保护区、拉柏多自然保护区和中央集水区，包括三个蓄水池在内，总面积超过 3000 公顷。

1991 年概念规划的目标就是建设卓越的热带城市，让新加坡被热带绿色植被所环绕，让人们不禁幻想，这是一个从花园里跃出的城市。

当时环境部组织了 6 个跨部门工作组，共同为新加坡拟定一张绿色蓝图。1992 年发布的《打造绿色城市典范》，成为新加坡环境可持续发展的蓝图。

该蓝图特别强调自然保护区管理战略，率先提出修建全国性绿色连道，连

接公园、自然保护区以及水体，包括蓄水池等，呈现花园里的城市的基本轮廓。该蓝图也提出城市“绿肺”概念，呼吁充分利用已经成熟的绿色植被和水体，包括住宅区小型绿地和河边走道。公园连道、公园与水体（将公园和水道连接起来）等创新概念都被写入城市规划总蓝图。同时，将新加坡的开放性空间分为四类：自然空间，包括红树林沼泽和湿地；公园和花园，包括大型公园及区域性公园绿地；体育场与娱乐场所，包括高尔夫球场、冒险公园及野外露营地；公园连道。

该绿色计划为花园城市建设开创了更加广阔的空间，是1991年概念规划的重大突破和贡献。将自然引入城市，而不只是在城市建造公园，这是完全不同的两个概念，最终目的就是让城市从自然中脱颖而出。

在2001年的概念规划转化为2003年总体规划的同时，新加坡出台了《公园与水体计划》，指导10～15年的公园开发。新加坡植物园2015年被世界遗产委员会列为世界遗产。

公园与游乐署拟定六大目标：计划建设更多富有想象力和吸引力的大公园；改善公路风景线、路边公园、交通岛、空地等；从国外引进花草树种；通过国内外训练计划，提高园艺及风景设计专门知识；通过机械化、电脑化提高生产力；通过福利及工作改进小组，建立更加良好的工作环境。

新加坡在更多自然美景、滨水地带、新型公园以及公园连道、空中花园等多样性绿色空间之外，预留了另外1200公顷的绿地，规划了18个“非公报”自然区和4个自然保护区，明确规定确保公园连道长达160千米。2008年总体规划又增添“休闲规划”，为未来10～15年预留了另外900公顷的公园用地，规划了260千米的公园连道，包括万礼30公顷的自然景区，以及赛车道、150千米自行车道、慢跑线路、乡间小径、滨海走道等更加贴近自然的休闲娱乐空间，为人们提供更加充足的休闲选择，而这一切均基于1992年的《绿色计划总蓝图》。花园城市建设计划成为新加坡城市建设和发展最耀眼的篇章。

到了20世纪90年代，新加坡已经基本完成了全岛的绿化工作，成为世界公认的花园城市。但是政府并没有停下脚步，而是酝酿了一个更大更美的愿景。为了让花园城市持久而更有创意，政府开始寻求新的思路，建设一个“花园里的城市”的概念脱颖而出。

2006年，国家公园局提出了建设花园里的城市的三个工作重点：建设世界一流的绿地基础设施；创造充满活力的可持续发展的环境；建设根基深厚，有凝聚力的社区。

花园城市概念的基础理念是拉近都市人与绿色之间的距离，将绿化与城市完美地融为一体。这就要求不仅仅局限于平面的绿化，空中绿化、垂直绿化、水体与公园绿化、公园连道绿化、标志性绿化项目等概念相继出现。

四、花园城市建设的实施策略

政府实施了特别的人才战略，同时采取了多方面的绿化政策，包括：植树教育和指导工作、道路两侧及缓冲区计划、植物的维护和保养计划、植物遮挡与美化计划、国家植物园的建设计划、自然保护区的管理维护计划等。

（一）人才、人民与机构

建设花园城市一个很重要的经验就是，一定要有专业人士进行管理和指导。专业技术人员可以使计划快速而有效地执行。

早期绿化工作就是因为缺乏技术人才的指导，所以发展缓慢、问题繁多。政府非常清醒地认识到这一点，在人事调动和配备上给予特别的政策支持，负责绿化的政府部门，可以到各处招聘人才。20世纪80年代，公园与游乐署已经有高级园艺专家、助理高级园艺专家130多名，园艺专家70多名，专业园艺工人和保养工人600多名。

政府也派出“科伦坡计划”奖学金学生，为花园城市建设储备和培训人才。1975年之前，第一批奖学金得主已经学成回国，加入公园与游乐署。1980年，公共服务委员会派出学者前往德国学习园林景观设计，第一批景观设计师在20世纪80年代中期学成回国。正是因为政府的这些人才战略，使得花园城市建设在70年代后期得以迅速发展，许多大型绿化项目的设计包括大型公园的设计，均出自自己的设计人员之手。

从早期的原产局到公园与游乐署，政府不间断地通过各种渠道对公众进行植树绿化教育，编印简单宣传小册子，宣传植树方法，向社会公布绿化注意事项，等等。为了鼓励和指导人们种树，公园与游乐署设立植物销售中心，以低廉的价格向社会和公众出售苗木。同时，植物园也向社会出售树苗，并出版了《植树指南》。

建立职能部门，加强植物的养护与管理。20 世纪六七十年代，主要任务是大面积种树，实现全国绿化。关键绩效指标是栽种数量、绿化装饰的混凝土建筑数量、植物生长及公园发展情况。80 年代以后，公园与游乐署成立研究与发展处，负责植物育种、保护、土壤调查以及故障排除。后期，随着岛内大面积实现绿化，为了保证养护工作的顺利及养护质量，公园与游乐署考虑将养护工作外包给私营企业。当时为公园与游乐署工作的园艺工人有 800 多名，后来和他们重新签约，把养护管理工作承包给他们。

建屋发展局还设置了专门的园林绿化部门，负责住宅区及小区绿化。公园与游乐署特别派遣专业技术人才深入建屋局帮助绿化工作，进行技术指导。

（二）专项行动、重点工程与项目

1. 有效贯彻道路两旁交通隔离带、停车场及空地栽种计划

这是当时绿化工作的一项重要决策。《公园与树木法》明确规定，在公共街道边建设绿化带，所有建筑周围都必须设置最多 2 米宽的种植区，并不得有电缆或水电气等地下管线通过。

在路边、空地栽种有香味的树木，特别是在道路两旁栽种青龙木，白天郁郁葱葱，晚上香气袭人。在停车场，建设 1.5 米的树木种植带。两行停车位中间，种植树木遮阴。停车位上特制镂空花石板，作为树木根系通气和吸收雨水之用，并在洞孔植上青草，鲜草生长，停车场也能呈现一片葱绿。市区重建局、公共工程局、陆路交通管理局、建屋发展局等和公园与游乐署密切配合，保证绿化到位。

2. 新加坡植物园建设

新加坡植物园建设，是花园城市建设非常关键的一个部分。新加坡植物园是 1822 年英国殖民的产物。关关停停之后，1859 年，新加坡植物园正式成立，坐落在今天的东林地带。到 1969 年，植物园的园艺师已经拥有大量植物学以及

园艺学方面的专业技术知识和经验。1972 年，为了配合花园城市建设计划的推进，植物园内设立了装饰园艺学院，提供热带园艺师和本土园艺师培训。1973 年，植物园和公园与林木处合并。自此，植物园除了进行植物研究外，更加注重美化新加坡的工作，全心效力花园城市计划。1988 年公园与游乐署重组，植物园成为其属下部门，植物园不再为城市绿化提供单一产品，而是成为植物学和园艺研究中心，成为花园城市建设不可或缺的技术支持机构。新加坡植物园建设的成功是有目共睹的，在 2015 年入选联合国教科文组织世界遗产，是联合国教科文组织世界遗产名录上第一个也是唯一的热带植物园。

新加坡植物园是游客和国人向往的地方。实际上，花园里的城市概念在 20 世纪 80 年代就开始提起，90 年代逐渐受到关注，1996 年，国家公园局在一次工作会议上正式提出，直至 2004 年，花园城市行动委员会正式宣布“花园里的城市”愿景，成为新加坡花园城市建设战略的一个新的里程碑。

3. 推广植物遮挡与美化计划

李光耀非常注意绿化的细节，比如围墙、挡土墙、围篱都要求绿化。水泥高架桥和路桥甚至路灯灯杆，都要求利用不同的植物和方法进行绿化和遮盖，为钢筋水泥注入绿色生命。公园与游乐署为此制定了详细的绿化方案。李光耀认为水泥的高架桥笨重而难看，要求用爬藤植物进行遮盖。但因为高架桥下没有阳光，植物无法生长，景观设计师设想利用灯光照射，可是李光耀不同意，他认为这太浪费能源了。景观设计师最终的办法是建议在高架桥上留出缝隙，让阳光可以照射进来。他们把方案提呈给公共工程局，通过工程师的设计，高架桥果真留了缝隙，解决了阳光无法照射的问题，也使得雨水可以通过缝隙流下来浇灌花木。

在高架桥上设立花槽种植花木。按照种植花木的花盆尺寸来设计，花槽深 1 米左右，宽至少 0. 75 米。开始是人工浇水，后来将水管引到高架桥上，形成自动浇水，使得花草如在地面种植一样茂密茁壮，因为大多种植九重葛，没有遮挡，阳光更加充足，常年鲜花盛开。

为了使整个城市被花园所簇拥，创造性的绿化概念相继出现，其中最受关注的当属垂直绿化，目的就是通过在建筑墙壁、阳台、楼房和屋顶种植植物，扩大整体的公共绿色空间。1992 年，公园与游乐署举办了第一届“空中花园——公寓植物展”，并相继出版了《空中花园指南》《新加坡绿色屋顶植物精选》《热带地区垂直绿化》等书籍。

2009 年，市区重建局启动打造翠绿都市和空中绿意的新计划。鼓励开发商将空中绿化项目导入开发项目，在建筑设计的同时引入绿化景观设计。“天空走廊”、廊道绿化、绿色屋顶、小区平台花园等，令建筑美观又充满诗情画意。

2002 年启动《绿色街景总蓝图》，提出增加多样性，改善景观质量和道路景观特色。总蓝图通过五种街景设计实现预期目标，最终目的就是增加城市的植物种类，丰富绿色景观，将自然引入城市，这个规划的最大特点是保留古树项目，让古树名木成为独特的道路风景线。

4. 向全世界征求点子和寻找树种

公园与游乐署官员的足迹遍及热带、亚热带国家，到处搜集树种，如中南美洲、中非等，同时，他们也从澳大利亚、新西兰、南中国海等地引进花种。仅 1983 年，就一次性从南美洲挑选 150 种遮阴树苗、开花矮树和其他特殊树种。李光耀曾说：现在我们可以种植更加鲜艳更多样化的树木了。必须从所有的赤道附近的地方，输入适合新加坡生长的树苗，如棕榈树、矮树、攀藤等，进一步美化市容。

引进的花木树种，经过选择后首先在植物园或公园与游乐署设在巴西班让的苗圃进行实验性栽种，完全成功才在全国推广或大面积栽种。一颗树种是否适合在新加坡栽种并开出艳丽的花朵，实验期大概需要三到五年。一般来说，高大的树木需要十年才能看出效果。当时新加坡生长的植物中，土生的只有 20%，80% 都是移植的，如火焰木、紫薇、金虎尾、夹竹桃等。由此可以看出新加坡在这些方面付出的心血和努力。

政府也邀请海外的科学家来新加坡研究土壤和气候。当时邀请澳大利亚园艺专家沃默斯利组成顾问团，花了 3 个月时间研究本地土壤和气候，选出了 54 种可在新加坡试种的树木，并拟定了一份包罗世界奇花异草的花卉名录。政府拟定长期计划，通过选择树种和培育新品种，使新加坡一年四季花开如春。

新加坡的植物学家到世界各地收集树种，引进了8000个不同品种，但是只有2000多个能在新加坡繁衍生长。他们在全岛各处种植这些生命力较为顽强的品种，使城市的环境更加多姿多彩。

5. 创造性绿化措施

要将绿化与建筑融为一体，建筑开发项目必须与绿化配合，包括空中花园、公园连道、组屋区绿色住宅计划等，充分利用土地，利用边角荒地进行绿化。利用公园和自然区的土地，填海造地进行绿化，迁移和拆迁与景致不相符合的工业等。同时也鼓励私人承包商、建筑商参与绿化行动和方案，促请建筑商依据不同地景安排测绘师，为其发展的住宅空地进行绿色设计。许多建筑商雇用外国专家负责设计，使项目充满绿色诗意。这是花园城市建设的一项重要决策。直到今天，这个策略依然贯穿国家花园城市建设总规划。

6. 创造最美的第一印象

新加坡的游客及外宾入境和离境时都会留下深刻印象，沿着绿色大道进入市区，一路都沉浸在花园绿树之中。机场高速、引坡道、停车场、机场地区以及其他建筑物包括控制塔周围及沿线，栽种了大量花木。为了让机场的景观特别突出，公园与游乐署也派出景观设计师美化设计，在机场内设置假山、花园，种植花草，室内室外一片春意盎然。

樟宜机场和东海岸公园项目都属于填海工程地段，在绿化上有相当大的难度，因为填海的土地土壤成分复杂，砂质和石质不尽相同，特别聘请外国专家研究土质，以选择合适的树种。但是，那时栽种却十分困难，在黏性和砂质的土壤上再覆上一层表层土，增加土壤的透气性才可保证植树的生长。主要种植的是木麻黄和印度杏树，这类树不但能够在盐碱地生长，还可以减少灰尘。

突出重点项目，带动整体绿化。樟宜机场周围及东海岸大道项目是重点项目，总投资15亿新元，李光耀非常重视。1980年，他亲自视察樟宜机场并指出这是一项良好的投资，视察完毕后还特别告诉一起陪同视察的公共工程局樟宜机场发展署副署长吴庆州先生，“努力把这个地方绿化吧！”

当时李光耀就是想让人们一下飞机就被新加坡的葱绿所吸引，从而爱上新加坡。所以，主要强调的是种植高大的树木，应保持葱绿。因为高大的树木生长缓慢，研究人员曾尝试通过植物荷尔蒙，促使树木快速生长。

从东海岸园道与勿洛一道交界处开始至樟宜机场 8.2 千米的路程上栽种了大约 2000 棵雨树。截至 1981 年，樟宜机场一号航站楼已经种植各类树木 6500 株。在东海岸园道的两旁 30 米处也分别栽种灌木及花树，距其 30 米就是海滨，在海滨种植椰树。东海岸大道两旁和中间的安全栏杆是用钢筋或水泥做成的，李光耀认为应该绿化遮盖。公园与游乐署特别派技术人员研究设计，种植了一些有遮挡效果的树木和花草。多年以后，基本实现全部遮盖，现已看不到任何水泥栏杆，只是维护起来比较难，需要进行较多的人工养护和修剪工作。

当时，从马来西亚进入新加坡的兀兰公路也同样进行大面积绿化，因为这也是外国进入新加坡的窗口。

李光耀曾经骄傲地说："每逢我出国几个星期回到机场，驱车沿着东海岸公园进入市区，看到苍翠的树木、棕榈，绿油油的青草和繁花似锦的灌木，我就意气风发、精神抖擞。在我推行过的所有计划之中，绿化计划的成本效益最高。"

7. 公园

新加坡是花园里的城市。新加坡花园城市建设分为几个不同阶段：20 世纪 60 年代，绿化新加坡，大力植树，建设公园；70 年代，制定道路绿化规则，加强环境绿化；80 年代，在组屋区引进果树种植，丰富绿化概念；90 年代，提出建设生态平衡的环境，发展主题公园，建设公园连道和大型公园；进入 21 世纪，注重社区绿化行动，鼓励民众，共同创建绿色家园，逐步将花园城市发展为花园里的城市。

公园分成几个类型：地区公园、市镇公园、社区公园、城市公园，在公园里配备便民设施和游乐设施。李光耀说："我们不会为了建公园而建公园，首先要看的就是居民的需求。一方面允许植物自由生长，另一方面也设置一些休憩的设施和小型雕塑，体现文化和民族风情。"

1983—1995 年，大小公园就建有 30 多个，很多崭新的花园城市建设的概念和方案都已经提出并实施，他们的工作重点就是如何提高生产力，加速花园城市的提升和转变，使新加坡成为花园里的城市。

公园连道的前身是1989年启动的公园项目，就是通过河岸空间和住宅空地把公园串联起来，更早可以追溯到20世纪70年代。1991年花园城市行动委员会将其正式定名为“公园连道网络”，被纳入1991年概念规划。

公园连道项目很快发展成为花园里的城市不可分割的重要一环。随着可绿化空间的减少，将公园和水体结合起来的构思开始引起重视，2002年市区重建局和国家公园局联合启动了“公园与水体计划”，提出建设一个全面的连续性公园连道网络设想，将住宅、公园、水体、沿岸地区连在一起，环绕全岛，通过园艺手段装点河流和运河。公用事业局开展“活跃、优美、清洁——全民共享水源计划”（简称“ABC水源计划”）。2007年，发布“ABC水源计划长期发展总蓝图”，将水体和公园融为一体，与“公园连道网络”进行整合，各地鲜花盛开，到处流水潺潺，使新加坡犹如盛开在花园中的城市，被鲜花、绿树、碧水所簇拥。

滨海湾花园的前身是滨海城市公园，该项目实际上始于1969年，属于填海项目。20世纪80年代，主要目的就是要打造城市绿肺，这是一块填海的土地，由加冷水道开始，沿着海岸逐渐延伸至金融区。

花园建设初期，有人质疑：“在这样重要的地段建花园有何意义？是否造价太昂贵？”这些疑问最终被一个激动人心的设想所取代——这将是一个人民的公园。人民是业主，不管是否有经济能力，都能够进入这个公园，享受这个公园，让每一个新加坡人为自己是花园的主人而自豪。花园占地101公顷，以独特的地形、标志性冷却温室馆及鲜花盛开的擎天大树为特色，充分显示花园建设者的独具匠心。20世纪90年代，公园与游乐署在五年内就实施了多个公园项目，耗资庞大，包括在东海岸公园建设多项设施，就是为民众提供享受阳光、海水、沙滩的场所。维持和改善公园也需要预算，国家公园局的财政报告显示，自2001年起，这方面每年耗资约300万新元。公园文化活动层出不穷，创意无限，以福康宁公园“星光下的芭蕾”为代表，每年演出都吸引大量观众。新加坡植物园也进行了大力的改造，耗资500万新元建设国家胡姬花园，1995年对外开放，成为世界上包罗万象的兰花文化博览园。全岛各种主题公园也相继发展起来，公园成为每个人的公园，使民众真正享受到公园的乐趣。其中最典型的项目是“认领公园计划”。该计划在1996年启动，主要目的是让学校参与附近公园的建设和维护，促使学生深入认识植物，培养和建立良好的社会责任感。

8. 推行社区绿化项目，使绿化遍地开花

绿化住宅区的计划，基本上是通过建屋发展局和市镇理事会贯彻执行的。建屋发展局在推进公共住宅和新城镇建设的同时，就把绿化项目纳入设计和规划。在开发住宅区时，土地规划的1/3为园林和绿化用地，这是当时国家的一个标准。新加坡对住宅区的绿化做出了详细的指标规划，包括小区道路及公共空间的绿化，也对新镇的公园做出规划，把公园建设纳入建屋发展局开发的组屋区。

建屋发展局通过绿化组屋，可减少灰尘，也可改变钢筋水泥的僵硬感和灰色视觉效果，美化住宅的环境。当时规定，房屋开发区的两边必须设2米宽的绿化带，每一条道路的断面必须栽种绿树，将绿化的街景融入市镇。后来建屋发展局在制定新镇规划时都会预留出邻里公园和地区公园需要的土地。新镇与新镇之间、新镇与城市之间，多少绿地和公园，都预先留出土地，甚至在住宅区内也会留出空地，开辟成绿地和花园。对住宅区进行绿化的目的是使绿化延伸到城市的每一个角落，住宅区边边角角的空地都由建屋发展局绿化小组负责。20世纪80年代，在李光耀的提议下，还开展了小区种植果树运动。当时的目标是：在五年中种植果树89000棵，到1987年，共种植果树80000余棵，其中23600棵由建屋发展局负责维护，24400棵由公园与游乐署负责维护。市镇理事会发动居民参与管理和维护，但因为这个活动在当时未能吸引到更多居民，慢慢冷却下来。不过，国家并没有放弃，现在已经发展成为更普遍的“锦簇社区”项目，让鲜花绿树连接樟宜机场和市区的东海岸公园，岸边即将开始大型填海工程。

从新加坡公共组屋俯瞰由花园和湖泊园菜园簇拥住宅小区，成为居民休闲娱乐甚至种菜种花的一项非常亲近民众的项目。该项目后来进一步扩展到居民委员会、其他社区团体和公共机构。许多居民在路边和空地建立花圃，种菜、养花、培植果树，成为一种文化消遣。市镇理事会、人民协会、建屋发展局、国家公园局、新加坡土地管理局、农粮与兽医局都积极参与协助，提供支持和帮助，大大活跃了社区生活。

第十七章

国家资本的“看门人”

—— 新加坡法定机构概况

新加坡最早的法定机构起源于英国殖民统治时期，最初设置了新加坡港口局、中央公积金局等5家法定机构。建国后，新加坡政府设立建屋发展局来解决住房短缺问题，建立经济发展局来促进外国投资与出口，成功地解决了住房短缺和高失业率的问题。截至目前，新加坡共有64个内阁部下辖的法定机构，在16个内阁组成部门中，除外交部外，都有下辖的法定机构。其中下辖法定机构多的内阁部门主要包括：贸易和工业部（9个）、教育部（10个）；下辖法定机构少的内阁部主要包括：总理公署（3个）、信息通讯部（2个）、国防部（1个）；外交部没有下辖法定机构。

一、新加坡法定机构的法律授权

新加坡所有法定机构都是依据国会制定的专门法令而设立的，法令中规定了法定机构成立的原因、职能、权利和义务。法定机构具有独立的法人地位，但在法律上不享受政府部门享有的任何特权和豁免权，不属于政府部门序列；又因其是根据国会法案设立的机构，故与私人部门和公共企业也不同，是管理公共事务或提供公共服务的半政府机构。因其具有独立法人地位，在其履行职责时，具有较大的自主性和灵活性，也可以进行民事诉讼和从事工商活动。譬如，新加坡贸工部下属的经济发展局设有经济发展局投资公司（EDBI），可通过股权投资等方式与私人企业等共同投资。

二、新加坡法定机构的运作模式

新加坡的法定机构均设立在内阁组成部门之下，分别由各内阁部管辖。其采用三层组织架构：

（一）董事会

董事会为最高领导和决策机构，不参与法定机构的日常工作，主要负责宏观政策制定等，通常由国会议员、高级公务员或某领域的杰出人士兼任，董事会成员由政府部门、商业企业、教育机构、传媒和工会组织等机构的官员、专家学者和商界精英兼任，其职务由所属部门部长委任，对所属部门负责。除了人民协会主席由总理担任外，其余法定机构主席由政府主管部门部长任命，一届任期为2～3年，而且可以连任。董事会成员的薪金不在法定机构领取，由国家专门设计发放。比如，2018年由国际企业发展局和标新局合并成立的企业发展局董事会主席李文辉，为前公务员首长；董事会成员包括经济发展局主席马宣仁、星展集团总裁高博德、新加坡政府投资公司首席执行官林昭杰、淡马锡国际副执行长狄澜、新加坡工商联合总会（SBF）主席张松声等18名政商界人士。

（二）管理层

由局长（总裁、CEO）、副局长、各部门主管等组成，负责法定机构的日常工作管理。管理人员通常是市场直接进行招聘，也有部分为原来的行政官员。例如，经济发展局的董事会面向全球招聘管理人员，以引进国际上先进的管理经验和技术。现任新加坡企业发展局局长方章文就任前为新加坡贸工部副常务秘书长。

（三）执行层

执行层包括法定机构下属各职能部门及职员，负责具体执行工作任务及董事会和管理层做出的决定。法定机构雇员不属于公务员序列，也不由新加坡公共服务委员会选拔任用，均为市场公开招聘。法定机构雇员的薪水等级、工作年限、服务条款以及晋升及奖惩制度等因法定机构的不同而不同，具有较大的灵活性。通常其薪资水平不低于同等条件下的公务员，具有较大的吸引力。

需要指出的是，新加坡法定机构所属部门的部长具有很大权力。比如，《经济发展局法》中对于理事会成员的任命、部门职能、权利和义务以及财务审计，都一再重申要经过政府部门部长的同意。2018年新加坡宣布将进一步完善法定机构管理条例，各法定机构所属政府部门的部长将正式被赋予指示法定机构履行职能的权力，也必须对法定机构的表现负责。

三、新加坡法定机构的资金来源和财务制度

新加坡法定机构采取企业运作模式，自负盈亏，盈利可以进行进一步投资，也可以自行处置资产，且需要依法纳税。其经费来源主要有两个渠道：一是通过向公众或商业机构出售产品和提供服务来获得资金；二是政府为购买法定机构提供的服务所支付的代理费和援助金。一些特定的法定机构还可以在一定程度上盈利，如经济发展局。当法定机构不能做到收支平衡时，其亏损可由新加坡政府财政提供的低息贷款来弥补，从而帮助他们拓展业务。

为确保法定机构运营透明、廉洁，新加坡对法定机构运营进行监督和控制。法定机构账户必须由新加坡审计长或总理任命的审计员进行审计。总理必须审定法定机构的年度预算，并向国会汇报法定机构的财政决算和年度报告，由国会批准其财政决算。

四、新加坡法定机构的主要职能

新加坡法定机构是政府内阁部门的具体执行机构，主要负责具体执行所属部委的相关决策、任务和部署，为政府行政机构分担职责，进行市场化运作。其职能几乎涵盖政府职能执行层面，主要包括以下五方面：

一是促进经济发展。如经济发展局和企业发展局。目前，经济发展局的工作职能包括吸引投资、促进新加坡产业群发展、改善营商环境、规划未来产业发展等。企业发展局侧重于协助新企业（包括外资企业）开拓海外市场，为企业经营发展、提高生产力和技术水平、开拓海外市场等提供一站式服务，主要包括提供信息咨询、帮助建立海外人脉、提供各类补贴和贷款等，如生产力解决方案津贴等。裕廊管理局主要职能是规划、促进和发展高质量的工业设施。

二是提供民生等公共服务。如中央公积金局负责收取、管理、运作公积金；公用事业局向公众提供水电气服务等。此类型还包括新加坡公园管理局、新加坡图书馆管理局等。

三是提供基础设施。如建屋发展局负责规划建设组屋，为新加坡居民提供

住房和服务；民航局、海事及港务管理局等维护航空海运设施并提供相关服务；市区重建局负责城市规划和市区改造；等等。

四是进行公共管理。如金融管理局兼具央行职能，负责新加坡金融监管、金融促进、维护金融市场稳定等；新加坡的税务局也是法定机构，负责征税、税收管理、税收政策制定、国际税务谈判合作等；陆路交通管理局兼具交通监管和交通规划发展与建设任务。

五是推动科技教育发展。新加坡科技研究局为贸工部下属法定机构，拥有21个生物医药、自然科学和工程等领域的研究机构、研究协会组织和研究中心，科研人员5000余名，主要职能是开展科学研究和创新。新加坡技术教育学院、新加坡理工学院、南洋理工学院等5所理工学院均为教育部下属法定机构，主要职能是促进职业理工教育发展。

其他职能还包括促进旅游、保护环境、开展文体活动等。

五、淡马锡模式研究

淡马锡模式的总体特征：淡马锡相对优异的表现很大程度上来源于其相对独特和独立的运营模式。淡马锡模式的主要特征可以集中归纳为市场化、多元化。

来自新加坡财政部的出资人代表和新加坡高级公务员，代表出资人的利益；股东董事由新加坡政府委派，薪酬由政府支付。来自新加坡民营企业或跨企业的优秀企业家，负责任命和监督淡马锡管理层人选、制定淡马锡的发展战略；独立董事由淡马锡按照市场价值在全球范围内聘请，薪酬由淡马锡支付。来自淡马锡管理层或淡联企业的领导层，又称内部董事，负责执行公司的发展战略、处理公司的日常事务。执行董事由董事会任命，薪酬由淡马锡支付。董事会最重要的职责之一是任命淡马锡的管理层，遵循“能者居其位”的原则，通过市场化的薪酬在全球范围内聘用公司管理层。董事会中有政府部门背景的董事仅有2人，最大限度地避免了淡马锡在管理层任命上对“体制内”人选的偏袒。

在投资策略上，自2002年起，淡马锡开始大规模进军国际市场，并希望在

10 年内将淡马锡的投资分为三部分：1/3 在新加坡，1/3在亚洲其他地区，1/3在经济合作与发展组织（OECD）以及其他经济体。截至 2014 年，淡马锡的海外扩张策略卓有成效。其在新加坡、亚洲其他地区、OECD 及其他经济体的投资比例分别为 31%、41% 和 28%，目标基本达成。由此，淡马锡已从一家单纯的国有控股机构升级为新加坡的主权财富基金之一。淡马锡对其持股企业进行出售、减持股份或参与分红获得收益。淡马锡凭借自身的优质资产和良好信誉进行股权或债券融资，并将通过上述渠道获得的资金在海外市场进行再投资，以实现国有资产的保值增值。

淡马锡的组织结构：淡马锡的组织结构以董事会为领导，下设各部门对应执行运营功能。其中，董事会主要包含三个委员会，对公司进行全面指导管理。淡马锡模式对国有资产所有权和经营权分离的要求决定了公司采用这种相对较为简单的、扁平的组织。

淡马锡的董事会制度：淡马锡董事会由 13 名董事组成，大部分是非执行独立董事，均为来自私营企业的商界领袖。董事会基于商业模式运作，并肩负保护淡马锡过去所累积的储备金的额外宪法责任。淡马锡董事会与委员会的组成，最大程度上避免了政府的干预、高管层的谋私，并且保障了审计的独立性，堪称国有投资公司的董事会设计典范。

淡马锡的高级管理层：淡马锡模式的治理形成了一种真正握有实权和经营实事的一个有效的治理结构，具体从两个角度出发，一方面从董事会的角度去关注股东、董事会、总裁之间的关系，另一方面从管理层的角度去关注总裁、高级管理团队、公司组织之间的关系。

淡马锡如何管理淡联公司：淡马锡通过股权控制、产权投资活动、下设子公司等方式，逐步形成了一个从政府到母公司、子公司、分公司的产权经营多达 6 个组织层次的大型国有企业集团，这种多层次宝塔型的产权结构决定了其治理模式的一个主要特征是，不同层次公司之间的逐层控制使拥有淡马锡 100% 所有权的新加坡财政部在公司内部起的作用很小，其主要事务仅包括任命淡马锡董事会的主席和董事，审阅淡马锡每年提交经审计的财务报告，不定期召集淡马锡或其管理的关联公司会议，讨论公司的绩效和计划，以及参与特定关联公司股份的并购和出售决策。淡马锡控股有限公司董事会在内部运营管理方面有权决定公司的经营方针、股息分配及配股等事宜，并在投资决策、资金使用等方面享有完全自主权，不受财政部的制约。虽然淡马锡控股有限公司的直属子公司都独立经营、自负盈亏，由本公司董事会负责决策管理日常经营活动，但是淡马锡董事会作为政府的产权代表，基于保证资产增值的责任，对其直属子公司的总体经营状况仍然实施了全面监控。

淡马锡和淡联公司的公司治理原则可以总结为：董事会向所有的股东负责，管理层向董事会负责。同时，这个原则又被运用于政府和淡马锡之间、淡马锡自身和淡联公司之间。

对标新加坡
建设自贸港

第十八章

自由贸易港是当今世界最高水平的开放形态

——国际经验对海南自贸港建设发展的启示

自由贸易港是当今世界最高水平的开放形态。这一重要论断和思想，是习近平总书记于2018年4月13日在海南建省办经济特区30周年庆祝大会讲话中首次提出的。赋予海南经济特区改革开放新的使命，是习近平总书记亲自谋划、亲自部署、亲自推动的重大国家战略，必将对构建我国改革开放新格局产生重大而深远的影响。海南中国特色自由贸易港建设是在经济全球化遭遇重大转折、中国经济开展供给侧结构性改革，以及中国政府提出“一带一路”倡议、“人类命运共同体”思想和全球治理提供的“中国方案”的大背景下确定并启动的，肩负着推动海南经济社会发展、为全国提供深化改革开放经验和保障国家重大战略顺利实施的艰巨任务和使命。

一、国际上自由贸易港的兴起

自由贸易港是一种非常古老的国际经贸联系形式和贸易促进工具。自由贸易港是随着自由贸易而出现的，是商品经济和海关关税制度不断发展的产物。它兴起于16世纪中期的欧洲，逐步向全球扩散，并随着国际贸易自由化的发展而不断向前发展。

（一）自由贸易港的发展历史

早在古希腊腓尼基时期（公元前1101年—公元前241年），为了扩大贸易往来，地中海沿岸就出现了一些允许外国商人自由通行的港口，如泰尔等，这被认为是自由港的雏形。1547年，为了打破封建束缚，促进商品自由贸易，位于热那亚湾著名港口城市——里窝那城的雷格亨港正式定名为雷格亨自由港，这可以说是世界上第一个以“贸易自由”为基本特征的真正意义的自由港。

受此影响，欧洲其他一些国家的港口城市纷纷效仿，不断开辟自由港，并伴随着帝国主义的殖民扩张出现在亚洲、非洲等殖民地或附属国。为了改变第一次世界大战导致的国际贸易地位不断下降的被动局面，以美国为首的美洲国家在第一次世界大战后亦逐渐开始开辟建立自由港。“二战”后，发展中国家借鉴了自由贸易港的部分做法，设立出口加工区、经济特区、保税区、科技园区等各类的自由区，旨在吸引各国（包括本国）投资者，带动自主产业发展和本国出口。目前，随着国际经济关系的不断密切和发展中国家实力的不断增强，兴办自由港的热潮从欧洲、美洲扩大到了全世界。随着世界贸易发展，它又被逐步赋予现代经济内涵，自由港的数量越来越多。据统计，全世界135个国家有近1000个自由港、2000多个与自由港有相似内涵和功能的特殊经济自由区，其中大部分位于海运历史悠久、市场机制比较完善的发达国家或地区。比如，新加坡、中国香港地区、迪拜、巴拿马科隆、爱尔兰香农、智利依基克、德国汉堡、阿姆斯特丹和鹿特丹等自由港。德国汉堡自由贸易区曾经是世界上最大最有影响的自贸港区，占港口面积的1/6。

中国目前除了香港和澳门地区之外，内地暂时还未设立符合国际惯例的真正意义上的自由港。中国台湾地区于20世纪60年代建立自由贸易区，为了利用台湾岛优越的地理位置、优质的人力资源和相对发达的电子制造业，台湾当局分别于2000年和2003年启动了全球物流发展计划和自由港计划，取得了不少经济效益，包括吸引外资、增加外汇收入、创造就业机会、促进技术转让、促进本地工业增长以及鼓励货物合并和转运业务。

自由贸易港，简称“自贸港”，是指一个国家在其国境之内、关境之外划出的允许境外货物、资金、人员等要素自由出入的一个特殊经济区域。在这一特殊经济区域内，全部或绝大部分的外国商品在遵守所在国相关政策法规的前提下，可以自由进出、装卸、长期储存、包装、销售或者是加工制造，既无须缴纳关税，也无须履行其他复杂的海关监管手续。这一概念主要包括两个核心要件：“境内关外”和“自由出入”。

“境内关外”，是指全部或绝大多数的外国商品无论是进出港口，还是在港口内装卸、长期储存、包装、买卖抑或加工制造，原则上都不征收关税。只有将货物转移到自由港所在国关税国境之内的消费者手中才需要缴纳关税。

“自由出入”，是指自由贸易港作为特殊经济区，不属于任何一国海关管辖，外国商品在遵守主权国家有关卫生、移民以及治安等方面的法规的同时，可以自由免税进出港口。

（二）自由贸易港的前提特征是区位优越

自贸港由海港到内河港、空港、内陆港的发展路径，足以说明自由贸易港对地理区位的偏好选择，自由贸易港一般是利用港口城市的地理优势和完善的基础设施发展起来的。地域选择上至少要具备以下区位优势：一是地处交通要塞，交通运输网络四通八达，交通基础设施完善，国际航线交汇多，集疏运条件优越，能满足航运业的各类要求，有可能向着国际航运中心发展；二是对外贸易活跃，外贸货物数量较大，尤其是枢纽港应该选在扼守战略要道、船舶不得不挂靠的港口，同时该港口的位置接近于两条或更多条不同航线交汇点，不仅能够吸引外国船只来此装卸、加工，扩大对外贸易，还能够将资金、货物、人才源源不断地输往内地，推动腹地经济的发展；三是容易设置关卡，以便进行隔离管理。

自由贸易港中的“港”按所处区位、港口形态、交通运输方式，可以分为以下三类：

（1）海港型自由港。海洋运输是国际物流中最主要的运输方式，海港型自由港曾经在近千年的时间内占据自由港的主流形态，自由贸易港主要设置在海港区域或国际航线上的重要枢纽港口。

（2）陆港型自由港。陆港型自由港源于13世纪西欧出现的具有贸易自由特权的自由城市。边境集市作为商品和人流跨境交换和集散的场所，也是陆港型自由港的一类雏形。因此，陆港型自由港必须坐落在铁路、公路、内河航运等交通枢纽地带，分为内陆和边境两类自由港。内陆自由港因地处内陆且腹地经济发展相对落后，须借助自身资源和产业制度优势提升竞争力。苏黎世作为欧洲中部的水陆空交通枢纽，是世界上较为成功的陆港型自由港。此外，苏黎世还凭借保密制度和没有任何限制的资本输出政策，成为西欧重要的金融中心。边境自由港主要包括位于边境的贸易型自由边境区和仓储物流型自由过境区。边境自由港通过自由港政策吸纳邻国物流、人才流、资金流，繁荣边境贸易和区域性经济。

（3）空港型自由港。空港型自由港起源于1959年成立的爱尔兰香农国际航空港自由贸易园区。经过半个多世纪的发展，空港型自由港已经由最初的物流型自由区发展成为集物流分拨、高端制造、免税购物、休闲娱乐、商务交流等多功能于一体的综合经济区。由机场、火车站、地铁站集成立体式交通枢纽，商务活动正在以国际空港为核心呈集聚态势。目前，全球最有代表性的空港型自由港有韩国仁川机场空港自由区、荷兰史基浦机场空港自由区和美国杜勒斯对外贸易区。

除了目前的海港型、空港型和陆港型，有些自贸港呈现“海陆空复合发展”趋势，未来还会出现太空港型。由于自由港本身空间有限，在毗连区域内可以配有为自由港服务的特殊功能自由区，即狭义的自由区。如美国杜勒斯对外贸易区以杜勒斯国际机场为中心，形成了集机场、国家高铁、城际铁路、城市轨道交通等于一体的现代化大型综合交通枢纽。发达的机场交通系统便利了周边区域大规模物流开发，吸引了更多的客流和物流进港。杜勒斯对外贸易区还带动了高科技走廊的发展，被誉为“第二硅谷”；以杜勒斯国际机场为端点的公路沿线成为全美领先的高科技和商务区。

（三）自由贸易港是开放程度最高的实现模式

世界银行指出，特殊经济区（SEZA）泛指在一国境内设立的“适合旅游、零售、加工、居住等各类经济活动，实行特殊经济政策，以获得更广泛激励和福利”的特殊区域。如保税仓库、自由零售区、免税/自由过境区、出口加工区、保税港区、对外贸易区、自由边境区、科学园区、工业园区以及我国各类“海关特殊监管区城”等，因功能定位不同，其开放度也有差异。自由贸易港是目前全球开放水平“最高”的特殊经济区。

（1）自由区。自由区是指在一国的部分领土内，对运入的任何货物，免于实施惯常的海关监管制度，以鼓励投资流入关境以内，促进国际商务活动开展。例如，自由零售区、保税仓库，虽然其功能相对单一，但可以单独存在，也可以作为较高级别的自由区内的专业功能区存在。

（2）免税/自由过境区。通常是沿海国家为了给地处内陆的邻国提供便利，在海港、河港或边境城市开辟的专门存放邻国过境货物的区域。该区域的功能比较有限，只允许邻国的过境货物作短期储存、简单改造、包装，不允许被加工。由于过境区的免征关税和简化通关手续仅针对过境货物，因此开放度和自由度也有限。

（3）出口加工区。出口加工区是自由贸易园区转口功能弱化、出口功能加强的产物。虽然在传统的自由港和自由贸易园区内也有加工业，但这种加工业多是辅助性的商业性加工。但在出口加工区内，主要业务是加工贸易，而加工制造是贸易产生的前提和出口的关键。可以说，出口加工区的功能定位更加明确，其自由度和开放度取决于设区目的和地区发展战略。

（4）自由边境区。其功能虽然比较发达，但其自由度和开放度因贸易对象有限而受到限制。

（5）自由金融区。虽然其自由度和开放度较高，但其功能以金融服务为主，故该产业自带的高风险要求必须有完善的制度作保障。

（6）海关特殊监管区域。海关特殊监管区域是我国对具有自由区特征的相关区域的统称，包括自20世纪90年代至今设立的保税区（1990年）、出口加工区（2000年）、保税物流园区（2003年）、跨境工业区（2003年）、保税港区（2005年）、综合保税区（2006年）、自由贸易试验区（2013年）共7类。

（7）自由贸易区。涵盖的范围是签约国的全部关税领土。需要说明的是，有人把自由贸易区与自由贸易园区等同，其实二者是有差异的。自由贸易区是双边或多边自由贸易区，是国家间自由贸易区。而自由贸易园区则是由一国在指定地点自行设立的，被称为单边自由贸易区。自由贸易区的自由度和开放度仅次于自由贸易港。

（8）自由港。世界上最早的自由港是以港口的形态出现的。早期的自由港是指自由码头，即指海港内用栅栏与其他地区隔开的码头区域。早期的自由港多为海港或河港，是国际交通要道的主要节点，主要从事转口贸易和转运业务。后来，出现了陆港。有的自由港发展到包含整个港口甚至所在城市。现代的自由港功能完备、制度健全，开放度、自由度在各种自由区中最高。

二、自由贸易港的鲜明特征：投资贸易便利自由与法治保障措施

作为“经济飞地”的自由贸易港应同时具备自由贸易、自由投资、自由金融和自由运输四大功能。自由贸易港的“自由”是指境外货物、资金、人员等要素可自由出入。在自贸港内，全部或绝大部分的外国商品在遵守所在国相关政策法规的前提下，可以自由进出、装卸、长期储存、包装、销售或者是加工制造，既无须缴纳关税，也无须履行其他复杂的海关监管手续。可见，“境内关外”和“自由出入”是自由贸易港的两个核心要件。随着国际贸易快速增长和国际分工模式演变，一些传统的自由贸易港极大地提升了其开放度，在以货物贸易和中转为传统功能基础上，发展成为国际贸易中心、国际航运中心、国际货物集散中心、国际商品交易中心、国际金融中心、全球创新中心、跨国公司总部或者战略性产业集聚基地等。

（一）“自由”是自贸港最鲜明的特色

纵观世界主要自贸港的发展，大部分自贸港位于沿海，凭借其优越的地理位置、优良的港口条件和先进的运输、装卸设施设备，以豁免货物进出口关税和海关监督的“自由”，来吸引外国货船开展转口贸易，提供综合物流服务。同时，依托商品集散中心功能，开展信息、金融等增值服务，增加外汇收入。自由港的“自由”从货物运输延伸到物流服务，辐射到信息、金融等增值服务领域，惠及方方面面。“自由”全覆盖是自贸港代际演化的核心。

尽管对所有商品进出都实行免税的“完全自由港”在世界上数量比较少，但“有限自由港”允许绝大部分货物、资金、人员自由流动，还是很受外商欢迎的。因为“有限自由港”除了对少数指定出口商品征收关税或实施不同程度的贸易限制外，其他商品均可享受“自由”流通。

“自由贸易”的“自由”并不是没有约束，不是完全的绝对的自由，而是服务于国家整体战略的自由。从自贸港诞生到发展的历史来看，一个国家或地区建设自由贸易港，都是特定时期一个国家或整体战略目标的体现。设立自由贸易港必须有利于国家开辟世界市场，吸引国外技术，调整本国产业结构，提

升国家经济竞争力。为应对宽松环境下潜在不法活动的挑战，如走私、洗钱和毒品运送等，绝大多数自由贸易港设有物理围网，实施封闭管理，并严格执行事后监管和二线监管，对违法者施加能产生强大震慑效应的处罚，通常不允许常住居民。自由港的“自由”主要体现在税收、海关监管、投资注册、外汇管制等几个方面。

1. 投资便利自由是核心

投资便利，主要体现在公司设立和注册方面。香港政府审批过程简单，可在4小时内完成并出示证书扫描件，对公司注册资本金没有限制，除了严格管制的赌博业和少数有条件进入的行业（如电视广播），中国香港地区对外来及本地投资者一视同仁。德国科隆自贸港规定，任何自然人或法人均可在科隆自贸区注册，但需获得自贸区管委会许可。

投资自由，主要体现在负面清单方面。以新加坡为例，建国之初，新加坡本国几乎没有什么产业，也不需要保护什么，作为一个主权国家，除国防相关行业及个别特殊行业外，对外国投资禁止或限制的行业主要有广播、印刷、媒体、法律服务4个。其他产业均实行国际上最宽松的外资准入政策，对外资进入无限制，给予外国个人投资国民待遇，外国自然人依照法律，可申请设立独资企业或合伙企业。对外资在并购、收购上无限制。除银行、金融、保险、证券等特殊领域需向主管部门报备外，绝大多数产业领域对外资的股权比例等无限制性措施。开放的产业政策，促进了新加坡经济的腾飞。新加坡不产一滴石油，却是全球第三大炼油基地、对亚洲有定价权的能源交易中心，燃油价格低于周边地区15%，占据国际船用保税加油市场的近50%。工业基础从成衣、蚊香等劳动密集型产业起步，现已形成航空产业、生物医药、精密制造、现代物流、金融服务、综合娱乐等高科技高税收贡献产业集群，而且他们引进的都是全球排在前几位的龙头企业，本土经济份额与国际转口贸易在整个国民经济中平分秋色。这一点比香港地区成功，香港本土产业份额仅占1%左右，几乎微不足道。

2. 贸易便利自由是重要支撑

自由贸易港需要大流量的经济活动作为支撑。自贸港都注意优化流程，提高效率，构建全方位、一条龙的综合服务体系。中国香港港在演化过程中，为确保物流高效畅通，推出了码头装卸、运输、包装等环节“一条龙 + 综合服务”模式。鹿特丹港为谋求产业特色发展，全力推行“政府建设和管理 + 物流链”模式，港口的基础设施由鹿特丹市政府规划建设，鹿特丹港务管理局对港区设施进行统一开发，实施专业化管理，构建港区跨行业物流链。全港产业定位为全球炼油和化工业的重要基地。目前港区拥有 4 个世界级的精炼厂、30 多家化学品和石化企业、4 家工业煤气制造商等。不仅形成了油气物流链，而且食品公司加工、运输等都可以在港区完成。

新加坡作为一个小岛城市国家，自身市场容量和腹地很小。李光耀曾豪气地说，新加坡没有腹地，就把全世界当作腹地。新加坡港不遗余力探索“中转服务 + 集约经营”模式。为吸引各国船公司来新加坡港作业或中转，该港出台了在港中转货物提供减免仓储费等诸多优惠措施；为降低运营成本，提高作业效率，该港非常重视港区服务配送中心、货物集散中心、汽车转运中心的分工合作与集约经营，着力打造有利于货物快速流动、监管有效的货物通关监管政策体系，奠定了通往亚洲重要市场开放门户的地位。

目前新加坡拥有 8 个自由贸易区、30 多个享有关税减免权的工业区和 70 余座保税仓库。新加坡的自由贸易园区均以围墙等方式加以封闭，未经海关部门准许，任何人不得擅自进入或居住其内。所有货物可以在自由贸易区内储存、加工、包装和转运，无须缴纳任何关税和消费税，只有货物离开自由贸易区进入关境时，才会被征税。在自由贸易区内，烟、酒类产品只可以储存于经政府认可并取得牌照的仓库。进入自由贸易区的货物需事先向新加坡海关申请许可证。虽然免税，但进出自由贸易区的货物应遵守新加坡的卫生、安全、检验检疫等相关规定，并交纳一定的费用，如货物搬运费、仓储费等。对于在自由贸易园区内中转的国际集装箱，码头可以根据船务公司的要求变更承运的二程船，只需向新加坡海关报备，增加了集装箱中转的灵活性和便利性。保税仓库只有得到新加坡海关的授权才能建立，通过物理界线与外界隔离，为封闭的物理区域。当把货物从自由贸易园区转运到保税仓库储存时，暂时不征收消费税。只有当货物离开保税区进入国内市场时，才会征收消费税。保税仓库由业主或服务仓库的运营商管理，负责安全问题和对存储货物进行适当的控制。此外，新加坡还有一种特许仓库区，用来存储征税货物，即酒类、烟草制品、汽车和石油产品。

通关便利化措施是货物进出自由的技术保障。新加坡构筑的国际航运中心信息平台主要由单一窗口系统、港口网、码头作业系统、海事网、空运社群网等电子政务平台构成。单一窗口系统于1989年1月1日正式投入运行，由政府投资组建公司负责平台的开发、运行和维护。该系统一方面连接35个对特定进出口贸易负有监管职责、有各自的规范和要求的政府部门，另一方面连接作为系统使用者的进出口贸易企业、转口企业、货运代理等国际贸易实际经营者各申请方，具备平台填表、自动扣费、自动传送、自动生成、自主修改等功能。对于非监管免税货物，申请方一般在一分钟之内就会收到批准许可信息，系统自动发给该份申请一个许可号码，申请方据此打印货物通关许可，用以办理货物进出口或转口手续。对于监管货物（如武器弹药、食品、药品等）、应税货物（如酒精饮料、烟草产品、汽车、石油产品等）以及需提交原产地证明的货物，如获批准，申请方一般会在10分钟之内收到许可号码，用以打印进出口许可证/原产地证明书。系统通过对政府部门要求申请方申报数据的简化和标准化，消除了各部门专用数据、专用表格对贸易效率的阻碍，达到了建立国家贸易单一窗口的目的。

港口网连接相关政府职能部门、船舶公司或其代理行、货主集装箱中转站和卡车运输部门等，使港口用户获得船只进出港、舱位安排、货物在港所处的状态、预订舱位、指定泊位、起重机布置、集装箱实时跟踪等信息。每天24小时服务，减少客户提交单据后的等待时间。码头作业系统则用于整合、规划和管理货柜码头所有的货柜作业，此系统采用全程自动化无纸作业，集装箱通过港区大门通道只需25秒。

进口商品检验检疫的标准和程序十分严格。新加坡负责进口食品、动植物检验检疫的部门是农粮兽医局，负责进口药品、化妆品等商品检验的部门是卫生科学局。农产品和食品的进口商须申请执照，只有获得进口执照的贸易商才能从事农产品和食品进口业务。他们有一套完整的食品安全计划，对肉、鱼、新鲜水果和蔬菜、蛋、加工食品等商品的进口来源、包装运输、检验程序、检验标准有不同的要求和详尽的规定。进口动物、植物及植物产品须申请许可，并提前获得海关清关许可。所有进口动物需符合兽医标准、健康标准，必须接受检查。新加坡所有从事药品进口、批发、零售以及出口的经营者需取得相关许可方可开展业务。进口药品和化妆品前，需如实申报其成分、疗效等相关信息，获得批准后方可进口。监管部门对进口相关产品进行抽检，一旦与申报不符，即取消其经营相关产品的资格。

世界贸易组织《服务贸易总协定》主要将服务贸易分为四种形态：一是跨境交付。指服务的提供者在一成员方的领土内，向另一成员方领土内的消费者提供服务的方式，如在一国自由贸易区或自由贸易港内通过电信、邮政、计算机网络等手段实现对境外的外国消费者的服务，通常会以计算机的位置作为服务贸易统计的依据，上海的做法是海关会要求象征性地把一个磁盘类的实物作为登记项。二是境外消费。指服务提供者在一成员方的领土内，向来自另一成员方的消费者提供服务的方式，如一国公民在其他国家自贸区或自贸港短期居留期间，享受国外的医疗服务。三是商业存在。指一成员方的服务提供者在另一成员方领土内设立商业机构，在后者领土内为消费者提供服务的方式，如外国服务类企业在他国设立公司，为他国企业或个人提供服务。四是自然人流动。指一成员方的服务提供者以自然人的身份进入另一成员方的领土内提供服务的方式，如某外国律师作为外国律师事务所的驻华代表到他国境内为消费者提供服务。国际上的自贸港均认同并遵从以上规定。所以，在亚洲一些自贸港从事国际金融交易的多是欧美人士。

3. 资金流动自由是重要的条件

自由贸易港资金流动自由的前提是建立了与国内金融市场相隔离的离岸金融市场。国际上离岸金融市场有四种主要模式：以伦敦、香港为代表的内外一体化模式；以纽约、东京为代表的内外分离型模式；以巴哈马、开曼群岛为代表的簿记型模式；以新加坡为代表的渗透分离型模式。从业务类型看，主要涉及外汇管理、账户结算、财富管理、资本市场等方面，实行相对宽松的监管措施。比如中国香港地区外汇管理可使用任何货币结算，不限制将股息或资金调回本国；新加坡全面取消外汇管制，企业利润汇出无须缴纳特定税费，外资企业自由决定贸易结算货币种类；科隆自贸区使用美元结算，银行存款无须纳税，无外汇管制，自由汇出汇入利润；迪拜园区内无外汇管制。新加坡为了发展财富管理业，引进了瑞士国际财富管理中心；资本市场形成了新加坡交易所、洲际交易所和亚太交易所 3 家，开展农产品、能源化工、金属等大宗商品期货以及汇率、利率、股票指数等金融衍生品交易，打造亚洲以美元为主的财富管理中心，成为全球最大的综合型交易所之一，形成亚洲离岸金融的集聚高地。

这些离岸金融的共同规律是：高度国际化、自由化、便利化，不受所在国金融制度法规管制，且实施低税或免税，存款利率高于国内金融市场，放款利率又低于国内金融市场，能极大地吸纳配置在全球范围的剩余资本和资金。离岸金融凭借这些特色与优势，使所在国获得全球资源要素与资金融通配置支持，同时也把它培养成为所在国乃至全球开放经济的重要引擎。

4. 人员往来自由是鲜明特色

对于一个没有任何自然资源的国家来说，不断提升人力资源水平，并将其作为自身的竞争优势，非常重要。新加坡外国人进出境自由，除 36 个国家（或地区）以外的所有国家（或地区）入境免签。2001 年，新加坡政府出资设立国家科学奖学金，除了面向本国居民，奖学金也吸引来自海外的学生，如中国、印度、越南、马来西亚、印度尼西亚等。新加坡每年选送 100 多名学生去世界顶级的大学接受教育，其中大部分学成回到新加坡，有的成为科学家，有的在政府机构服务，并成为经济建设的坚实力量，共同塑造着新加坡科学与技术的未来。

除了培养本地人才，新加坡还重视吸引国际知名科学家来新加坡发展，以达到一举两得的效果。首先，作为备受尊敬的泰山北斗级人物，这些顶尖科学家拥有宝贵的海外人脉——他们在新加坡开展的科研工作不仅有助于提升新加坡的科研实力，还能充分发挥他们的人脉优势。其次，作为各自科学领域的专家，这些科学家拥有丰富的工作经验，能够建立并管理新加坡政府全额拨款的研究机构和实验室。这些研究机构和实验室不仅会成为下一代科学家就业和学习的地方，还会成为知识和创新的中心，从而推动整个社会向更高水平发展。中国香港旅游入境免签证国家达到170个。滞留期限因国家不同有所区别，最长可达到180天。

5. 数据流动自由是科技发展的要求

数据自由流动是第四次工业革命的重大标志。美国纽约市各部门合计有几百个IT系统，储存着不同类型和不同年代的城市数据。为了有效运行数据模型和挖掘数据价值，纽约通过立法的方式促进政府数据开放，营造数据开放环境——2012年颁布了《纽约市开放数据法案》。在数据隐私相关法律的约束下，纽约汇聚了来自全州40多个机构的成熟数据，形成聚合数据库。2015年，纽约市首次发布《向全民开放数据的报告》，至2018年发布第四次报告。2019年又从38个数据代理机构、90多个政府部门获得629个新数据集，使得整个平台的总数达2000多个。

新加坡在数据使用方面也很领先，在园林绿化中对大树建立数据模型，大大减少了树木倒伏对路人的伤害。纽约、新加坡大数据管理的经验主要包括：第一，规则先行；第二，要有首席数据分析官（懂技术）以及部门之间的数据分析、处理部门；第三，要有大数据系统和工具；第四，解决城市安全、运行效率等城市问题；第五，政府数据最大限度地开放。

（二）国际化、法治化、便利化的营商环境是自由法治保障措施

新加坡法律体系以普通法为基础，遵循国际惯例，使外国投资者感到很方便，而成熟稳定的法律体系使投资者获得稳定的获利预期。概括起来，新加坡法律体系做到了四个“可”：一是“可把握”。各种要求、规则清晰明了，没有模棱两可，没有此同彼异，没有题外话，也没有意中义。法无禁止皆可为，而可为之举不受罚。对于政策规则，不能今天是这个解释，明天是那个解释；在这里是这样解释，在那里又是那样解释，那样投资者就难以适从，把握不住，也就影响投资信心。二是“可衡量”。规则公正、内容具体、界限清楚、奖罚明确，可以清晰检验涉事各方的对错，不需要答疑解惑。或者解释权能够由广

大民众明确地把握，而不是由某一个方面来把握。这一点十分重要，一定不能给答疑解惑留下空间，如果有空间，就涉及疑惑由谁来解释、站在谁的立场上解释的问题。所以要像 1 + 1 = 2 那么清晰，谁都可以把握，不会产生歧义。三是“可预期”。政策法规前后一致、稳定透明，不朝令夕改、不夏秋不同，新官要认旧账，考量要看所在环境，不以权力大小来决定是非，不让意志来左右决定。这样就能够使投资经营者对前景充满信心，投资经营不因政策法规不一致和政府换届而受到影响。四是“可信赖”。投资经营者除了遵守法律、政策、制度、规定之外，不需要去做其他的工作，只需要按程序办理，从而安心、放心、舒心和痴心地去开展投资经营活动。

新加坡发挥与英美法系相通的优势，结合实际建立了与国际接轨的完备的法律体系，适应了自贸港开放度的要求。以企业经营为例，公司进行兼并和收购必须遵守合同法、公司法令及其附属法规的原则。此外，上市公司、商业信托及房地产投资信托还必须遵守证券和期货法令以及新加坡收购和兼并守则的相关规则，及其上市的相关证券交易所的规则，如新交所。当进行兼并和收购交易时，也应考虑竞争法令。该法令禁止意图或实际在新加坡防止、限制或扭曲竞争的协议，构成在新加坡任何市场滥用支配地位的行为以及导致或预期可能导致大幅减少新加坡任何商品或服务市场竞争的并购。

在马六甲国际海运通道上，新加坡能够胜过马来西亚的主要原因在于提供了更好的营商环境，而新加坡全系统的组织保障和法定机构设置，是营造国际化、便利化、法治化亲商环境的“秘密武器”。新加坡根据实际动态调整行政架构，从总理到普通公务员、从政府机构到法定机构，都有明确的考核目标并与薪酬挂钩，确保监管有效、服务到位。比如，总理的薪酬与 GDP、财政收入等指标增速挂钩。对国际经发局等有关法人机构实行私人企业管理机制，明确招商任务，每年根据确定的招商计划实行主力招商，聚焦目标精准出击，提高了招商成功率。鼓励海关等管理机构协同优化流程，并推行客户经理制满足个性化、随时化的企业需求。推行随机抽检，配合引入警务“线人制”加强事中事后监管。鼓励公务员在政府与企业间流动、鼓励部门间轮岗交流等。

三、自由贸易港的标配政策：“三税”原则

国际上自由贸易港或自由贸易区共同的标配是，实行“零关税、低税率、简税制”，税率之低、税制之简单全世界少有，被称为全球财富的“避税天堂”，也是作为最高水平开放形态的最基本的政策和制度。“零关税”是相对概念，进口商品分为应税货物和非应税货物，应税货物一般仅包括烟、酒、石油和机动车4类商品，其他所有商品均为非应税货物。“低税率”体现在所有进口商品要缴纳7%的消费税，应税货物除缴纳消费税外，还需缴纳国内货物税和关税。国外货物90%以上会再次转运出口。“简税制”体现在税种分别是企业所得税、个人所得税、国内货物税、关税、消费税、房地产税、印花税、预扣税、私人彩票税、博彩税、赌场税、船舶年吨位税和外劳税。

（一）新加坡

新加坡税制。新加坡企业所得税标准税率为17%。工业品出口额1000万新元以上、非工业品出口额2000万新元以上出口创收利润可免交所得税，根据不同企业情况，免税期一般为5～10年。出口奖励范围包括工程技术咨询、工业设计、出版、教育、医疗、金融等服务业。出口创收利润可以减征90%的所得税；根据不同企业情况，减征期一般为5～10年；减税期满后，还可以享受10%～15%的减税待遇。

居民个人获得境外来源收入不必纳税。个人所得税按照超额累进税率征税，最高边际税率为22%，最低税率仅为2%。新加坡是自由港，因此大多数商品在进出口时关税为零，只对极少数产品征收进口税，例如烟草、酒类、石油和汽车等。新加坡出口商品一律免税。2018年新加坡将货物和劳务税从7%提升至9%。

自贸区税制。新加坡自贸区采用境内关外做法，提供免税区，便于商家存放、改装、分拣、展示以至再出口。新加坡企业所得税税率为17%，自贸区内企业所得税税率仅为5%～10%，而且只征收经营利得税，不征收资本利得税。这些优惠的税收政策吸引了大量投资者，从而推动了新加坡自贸区的发展。

（二）中国香港地区

中国香港企业所得税实行两级累进税率，200 万港元以下利润适用 8.25% 低税率，200 万港元以上利润适用 16.5% 税率。个人所得税实行 2% ~17% 超额累进税率，最高税率为 17%。关税税目只有饮用酒类、烟草、碳氢油和甲醇四类，并且只在进口环节对应课税品课征。对于其他商品、货物与劳务，都是不课征税款的，从整个货物劳务税的角度看，对于规范的四类物品外的其他所有商品以及进口环节外所有环节都不征税。

香港全境实行自由港，没有专门针对自贸区的税收政策，但规定在进入香港保税仓时对于应课税品无须缴纳税款，并且已缴纳税款又用于出口或者继续加工应税品时可予以退还，但进入保税仓外的香港地区流通时必须缴纳关税。

（三）迪拜

迪拜税制。迪拜实行低税负制度，迪拜的低税负主要体现在三个方面。其一是税种少。目前迪拜只存在五类税：社会保障税、海关关税、销售税、市政税以及企业所得税，其中海关关税和企业所得税中的外资银行所得税是其主体税种。其二是征税范围窄。迪拜的社会保障税仅针对具有阿联酋公民身份的迪拜居民，这类居民在迪拜总人口中的比例不到 15%；迪拜的销售税仅限于酒类；企业所得税也只针对外资银行和石油企业这两类。其三是税率低。迪拜税率的众数是 5%，除了石油企业所得税实行 55% 的畸高税率以外，基本比较温和。

自贸区税制。迪拜拥有杰贝·阿里自贸区和阿联酋迪拜机场自贸区（DAFZ）等多个自由贸易区。货物可以自由进出港，在区内存储、贸易、加工制造均不征收进口环节关税；进区企业生产所需的机器、设备、零件和必需品一律免征关税；迪拜自贸区内无个人所得税与企业所得税。符合相关法规（工业组织法案）规定的工业项目可以享受一系列的优惠政策，包括全部税种免税 5 年等。迪拜的自贸区还设置了各自的税收优惠，例如迪拜外包城就提供了 50 年 100% 的免税环境。

（四）纽约

美国个人所得税实行七级累进税率，最高边际税率为37%。在企业所得税方面，C型公司税率为21%，独资企业、合伙企业和S型公司（无限责任公司）等穿透小企业合格经营所得征收个人所得税，允许抵扣20%收入，适用最高边际税率37%。推行“属地制”征税原则，即美国企业的海外利润只需在利润产生的国家交税，而无须向美国政府交税。

美国关税税目采取税目表列举形式，详细列举出所有商品的关税税率，平均税率为1.6%。并且对于美国认为的涉嫌倾销和不正当竞争行为的国家，美国商务部有权进行反倾销调查，美国总统有权对查实行为的国家实行惩罚性关税。美国不实行增值税，在商品零售环节征收销售税。

纽约自贸区税制：①关税。为了维持美国对外贸易区的平稳运行，发挥其优势，美国对外贸易委员会规定了各个对外贸易区都可以采取一定的税收优惠政策，以支持对外贸易区的运营。美国对外贸易区提供的税收优惠政策主要包括倒置关税、延迟关税和豁免关税三个方面。②企业所得税。为了鼓励投资和就业，纽约针对州企业所得税设置了一系列的税收抵免政策。具体包括税收减免政策，该抵免是允许对一定比例的所得税进行抵扣；该抵免可以在10年内获取，且可能将公司的税收责任减少到零。

（五）伦敦

英国个人所得税实行20%～45%的三级超额累进税率，在发达国家中处于较高水平。而其企业所得税税率为19%，在发达国家处于较低水平。英国增值税对大多数商品适用标准税率，标准税率为20%；对部分商品适用5%的低税率。英国关税税目表以列举方式呈现，几乎列举了所有商品。

伦敦自贸区税制。英国伦敦自贸区的税收政策很少，最为主要的是境内关外的政策，即允许全部或绝大部分外国商品豁免关内进入欧盟市场前或在自由区内被消费前，可不缴纳关税、进口增值税。

除了“三税”之外，新加坡值得我们学习借鉴的是对鼓励类企业的税收支持，以及持续推进减税的决心和力度。

四、中国对自由贸易港的探索：花落海南

中国共产党人一直没有停止对自由贸易港的探索与追求。从改革开放初期，探索设立深圳、珠海、厦门、汕头、海南5个经济特区，到后来设立各种功能各异的综合保税区、出口加工区、高新技术园区等，再到现在全国已经设立的12个及即将设立的6个自由贸易试验区，都曾经想到或在实践中部分参照自由贸易港的模式和规则。

（一）早期在厦门经济特区的萌发

“自由贸易港”在中国的实践，最早可以追溯到20世纪80年代邓小平同志视察厦门经济特区。1984年2月，邓小平同志视察厦门经济特区，同意将厦门经济特区范围扩大到全岛，并可以实行自由港的某些政策。1986年8月，厦门市委、市政府同意时任厦门市委常委、副市长的习近平同志的建议，决定成立经济社会发展战略研究办公室，由习近平同志主抓研究自由港政策。习近平同志曾带队到新加坡考察，回国后指出，我们要立足中国的实际、厦门的实际，不能全搬新加坡的模式，更不能搬用我国香港地区的模式，可以把它们作为重要参考。他要求课题组的同志根据厦门的实际情况，争取探索出一条具有中国特色的发展自由港的路子，即“三步走”加“双梯度”的发展模式。

“三步走”，就是通过分阶段、分区域逐步扩大自由度。特区划定面积从最初的2.5平方千米扩大到全岛，第一步是建立保税区，第二步是以自由贸易区替代保税区，第三步是有限度地在全岛放开自由港。

“双梯度”，就是在三个阶段的每一个阶段都要保持“双梯度”发展，第一个阶段是保税区和特区双梯度，保税区开放力度大一点；第二个阶段是自贸区和经济特区的双梯度；第三个阶段是自贸区和有限度的全岛放开自由港的双梯度。外国人进出方面，近期采取落地签的办法，远期可以借鉴香港的做法。商品进出方面，如果现有产品具有国际竞争力，可以考虑让同类的外国产品进来；其他产品可以放到保税区，逐步开放。这样，既实施了某些自由港的政策，又保护了本国的工业。

资金自由进出借鉴“离岸金融”的模式。保税区、“离岸金融”这两个概念在全国都是由厦门率先提出来的。国务院1985年88号文件提出，厦门经济特区实施“自由港的某些政策”，但是由于历史和其他原因而没有落地。

（二）从上海到海南

20世纪80年代末，上海探讨浦东开发开放时也曾经提到过要建立自由贸易港。2013年，上海向中央申报自由贸易试验区，开始时也是要建自由贸易区，而且当时的对标就是按照自由港的要求来实施的。但是，从2013年推动建设到目前全国已经设立的12个及6个待建的自由贸易试验区，都与自由港的要求有较大差异。2017年3月，国务院批复上海自贸试验区进一步改革发展方案，明确提出要在上海率先推行建设自由贸易港区。

在党的十九大报告中，习近平总书记提出了探索建立自由贸易港的新任务。2017年11月10日，时任国务院副总理汪洋在《人民日报》刊发的署名文章指出，“自由贸易港是设在一国（地区）境内关外、货物资金人员进出自由、绝大多数商品免征关税的特定区域，是目前全球开放水平最高的特殊经济功能区”。这里的“特殊经济功能区”的名词源于世界银行对各类经济活动区域的划分，世界银行认为当今世界主要有六大开放形态，即自由贸易区、出口加工区、企业区、自由港、单一工厂出口加工区和特殊功能区。

2018年4月13日上午，习近平总书记在博鳌亚洲论坛年会重要讲话中明确提出中国将推出新的开放措施；当天下午，在庆祝海南建省办经济特区30周年大会上，习近平总书记郑重宣布，“党中央决定支持海南逐步探索、稳步推进中国特色自由贸易港建设”，并且首次提出“自由贸易港是当今世界最高水平的开放形态”。中国特色自由贸易港正式花落海南！习近平总书记在讲话中饱含深情地对海南干部群众提出了嘱托和希望——新时代，海南要高举改革开放旗帜，创新思路、凝聚力量、突出特色、增创优势，努力成为新时代全面深化改革开放的新标杆，形成更高层次改革开放新格局。新时代的“新标杆”“新格局”，仿佛一座灯塔，为海南中国特色自由贸易港指明了方向，引导着中国全面深化改革开放的未来航程！

从2018年“4·13”重要讲话到2019年底这段时间里，习近平总书记先后5次在重大国际国内公开场合宣布“加快探索建设海南中国特色自由贸易港进程”。比如，在2018年11月5日首届中国国际进口商品博览会开幕式上，在2018年12月18日庆祝改革开放40周年大会上，在2018年12月19日中央经济工作会议上，在2019年4月26日第二届“一带一路”国际合作高峰论坛上，在2019年6月28日日本G20峰会上等。这些都充分彰显了海南加快探索建设中国特色自由贸易港在我国扩大开放中的极其重要性和紧迫性，而且是习近平总书记亲自谋划、亲自部署、亲自推动的重大国家战略。从这个意义上说，海南加快探索建设中国特色自由贸易港，既是我国应对百年未有之大变局主动扩大改革开放的重大举措，也是立足中国国情对世界自由贸易港理论与实践的丰富与完善。

五、海南建设自由贸易港展望：海南“九条”

《中共中央国务院关于海南全面深化改革开放的指导意见》提出了海南自由贸易港建设的分阶段目标，即2025年自由贸易港制度初步建立，2035年自由贸易港的制度体系和运作模式更加成熟。当前，海南在高标准高质量建设自由贸易试验区的同时，正在压茬推进、加快探索实施中国特色自由贸易港政策和制度体系，着力打造当今世界最高水平的开放形态。2019年7月1日，中共海南省委书记刘赐贵在“不忘初心、牢记使命”专题党课中指出，海南建设自由贸易港，应该从九个方面体现最高水平的开放形态。一是投资便利自由；二是服务贸易自由；三是货物进出自由；四是资金流动自由；五是人员往来自由；六是数据流动便捷，即跨境数据在安全可控情况下自由流动；七是实行“零关税、低税率、简税制”的税收制度；八是健全与自由贸易港开放度相匹配的完备法律体系；九是政府服务高效廉洁。

（一）投资便利自由

在自由贸易试验区阶段，已经建立以准入前国民待遇和负面清单为主的外商投资管理体制。投资便利化主要有3项任务：一是确立以负面清单管理为核心的投资管理制度，形成与国际通行规则一致的市场准入方式；二是与外商投资负面清单管理模式相衔接，商事登记制度改革不断深化；三是在投资制度领域，自贸试验区启动境外投资备案制。2019 年 6 月 30 日，国家发展改革委和商务部发布了《外商投资准入特别管理措施（负面清单）（2019 年版）》（以下简称《2019 年版负面清单》）、《自由贸易试验区外商投资准入特别管理措施（负面清单）（2019 年版）》（以下简称《2019 年版自贸区负面清单》）和《鼓励外商投资产业目录（2019 年版）》（以下简称《2019 年版鼓励目录》），自 2019 年 7 月 30 日起施行。与 2013 年建立自贸试验区负面清单相比，《2019 年版负面清单》的条目由 190 条减至 40 条，《2019 年版自贸区负面清单》的条目减至 37 条。国家发展改革委新闻发言人称，对负面清单只做减法，不做加法，坚定不移扩大对外开放，创造更加开放、友好的投资环境。

值得注意的是，自由贸易港不是自贸试验区或者自贸区的升级版。中国的自贸试验区开启世界自由区发展新阶段，其执行国家使命，强调制度创新成果的可复制、可推广，不属于典型的“经济飞地”。自由贸易港与自贸试验区既有联系，也有区别：一是出发点不同。自贸试验区是制度创新“试验田”，自由贸易港是特殊经济功能区。二是涵盖产业不同。自贸试验区涵盖产业有保税区、物流枢纽、高新技术等，自由贸易港主要围绕“港”字，涵盖产业相对聚焦。在自由贸易试验区基础之上，自由贸易港在投资便利自由方面力度应该更大。

从经济总量看，海南生产总值仅占全国的 0.5%，产业基础尤其是制造业基础十分薄弱，工业占 GDP 比重不高（生产总值占 11%、税收占 22%），产业门类少（90% 工业品靠岛外生产、供应），即使全部向外资开放，对整个国家的冲击也可以忽略不计，这反而成了海南扩大产业向外资准入的后发优势所在。因此，海南有条件实行比全国更加简单的负面清单制度，外商投资准入门槛还可以再放低一些，除少数行业外都应该允许外商独资，大胆做好“无中生有”“有中生优”的大文章。当然，降低外资准入门槛，不等于什么产业、什么项目都欢迎，不能“捡进篮子都是菜”，而是要有选择地聚焦带动和溢出效益明显的平台和项目群，真正做到海南省委书记刘赐贵要求的“把最好的资源交给最好的投资者”。尤其是海口、三亚两大中心城市，要重点欢迎国际免税城、国际消费枢纽城市新地标、新型数字贸易楼宇群、国际医疗健康综合区、国际旅游园区、世界级中央活动区（职住平衡）、世界创业办公室，以及南海资源开发服务保障相关国际龙头企业等国际总部型业态或项目。

海南重点对外资开放的产业主要有：旅游、互联网（电信）、医疗健康、热带特色高效农业（种业）、金融、物流（航空、航运）、会展、海洋、文化、维修、体育、教育等。

重点抓好12类产业园区：一是总部经济园区（海口江东总部经济区、三亚总部经济及中央商务区）；二是设计园区（工业设计、建筑设计、艺术设计）；三是新型工业园区（洋浦开发区、海口医药和科研产业园区、老城开发区）；四是健康疗养园区（乐城国际医疗旅游先行区、高端月子中心、养老社区）；五是IT产业园区（澄迈生态软件园、海口复兴城互联网产业园、陵水互联网创业园区、三亚互联网信息产业园）；六是大型主题乐园；七是金融园区（海口金融园区、三亚股权交易园区、8～10个交易所）；八是展览交易中心（海口、三亚的国际会展中心）；九是商贸物流园区（海口综合保税区，海口美兰机场临空产业园区，澄迈金马现代物流园区以及海口、洋浦、三亚跨境电商综合试验区）；十是科技园区（三亚崖州湾科技城，包括国家南繁科研育种基地、国家深海基地南方中心、三亚遥感产业园、文昌航天卫星产业园区、海口美安科技新城）；十一是教育文化园区（海口江东合作办学园区、三亚文化体育园区，包括举办海南岛国际电影节、海南岛国际电竞大赛、海南岛国际旅游图书音像及文创产品博览会、三亚国际音乐节）；十二是国家公园（热带雨林、国家级保护区）。

（二）服务贸易自由

习近平总书记强调，海南发展不能以转口贸易和加工制造为重点，而要以发展旅游业、现代服务业、高新技术产业为主导。这一论述充分考虑了海南的产业基础和物流条件，是非常正确的选择。

海南仅仅是地球仪或地图上中国与东盟的中心，“地理空间很近、时空距离很远”。所谓“时空距离很远”，主要是指国际贸易和物流业所需要的货物、船只、产业配套条件均不具备，处于边缘化的尴尬位置。比如，国际集装箱干线航线在海南管辖的南沙海域，距本岛150海里以上，国家陆海贸易通道出海口、登陆港主要在广西，国际海运几乎不可能在洋浦、海口的港口大量集拼；中国与越南、泰国等陆路运输主要通过跨境卡车从广西凭祥口岸运输出口，海南陆地与大陆无桥隧连通，且不属于必经之地，过境物流可能性极小。同时，海南电力、自来水等十大商务成本均高于广西、广东邻近省份，导致制造业在海南没有成本、便利性等方面的比较优势。基于以上条件，海南不能走传统自由贸易港加工制造、转口贸易的老路，而必须发展处于价值链高端的服务贸易。

服务贸易由于附加值高、流通时间要求短，对航空货运中转提出了巨大需求，而这对于海南而言，正是扬长避短的务实之举。全世界经济发展比较好的湾区有一个共同特点或普遍规律，就是通道优势。通道可以是桥梁，可以是运河，也可以是空中航线。这些通道成为经济活动必不可少的“桥梁”“纽带”，改变了两个城市、两个地区之间“地理空间很近，但时空距离很远”的局面。作为海南，地理中心的区位是天然优势。从海南出发，4小时飞行时间可以覆盖亚洲21个国家和地区约占世界47%的人口、所达经济体GDP约占世界的30%，8小时飞行时间可以覆盖四大洲59个国家和地区约占世界67%的人口、所达经济体GDP约占世界的41%。如果把加强航空交通圈的交通联系作为国际贸易或物流业突破口，完全可以打通我国南方的“空中丝路”。航运方面，随着“国际陆海贸易新通道”深入推进，北部湾相关港口群将聚集中国的重庆、四川、青海、贵州、广西、粤西、海南7个省份，再加上越南，成规模的货物使国际班轮开通主航道至北部湾的航线具备了经济上的可行性，海南将成为国际集装箱主航线的新支点，辐射带动琼州海峡两岸、北部湾、环南海经济圈等三大经济区域的跨越式发展，为中国经济扩大开放进出口服务作出重要的贡献。

目前，海南实际开展服务贸易的市场主体仅1000家左右，且缺少行业龙头企业，主要集中在交通运输、仓储和邮政业，信息传输、软件和信息技术服务业。2018年国内过夜游客在海南人均每天花费只有880元，入境游客只有250美元。海南探索中国特色自由贸易港的高水平服务贸易自由化，就是认真落实中央12号文件和《国际旅游消费中心建设方案》要求，大胆在以下四个方面创造条件：

一是建立服务业投资自由化制度，以满足商业存在服务贸易自由化的需要。从分步骤、分阶段探索建设自由贸易港的要求出发，建议设立重点行业的服务贸易自由化先行区，以突破政策局限。调研结果表明，海南博鳌乐城国际旅游医疗先行区具有在医疗、旅游等服务业投资准入开放和适度降低器械进口关税、引入当地存在方式医药临床服务、医疗保险跨境服务等贸易自由化的双重试验功能，为探索建立医疗服务贸易自由化政策体系积累了经验。建议海南选择若干具备条件的区域，比如各类产业园区，借鉴乐城先行区模式，分阶段、分步骤设立重点现代服务贸易自由化先行区，开展自贸港行业政策体系的综合试验。

二是实行和服务业有关的投资设备、物品进口零关税政策。为此需要建立全岛海关特殊监管区制度，加强和完善“境内关外”海关特殊监管区的硬件和软件环境建设，提升现有海关特殊监管区的货物贸易自由化功能。

三是为满足跨境交付和服务消费自由化的需要，建立资金跨境自由流动管理制度。

四是自然人自由移动和自由执业管理制度，即实行对自然人的自由进出和绝大多数外籍人员的旅行入境免签或落地签制度，以及外籍专业服务人员执业许可制度。

（三）货物进出自由

海关在我国属于中央事权，上海自贸试验区等地海关在促进货物通关提速、进出便利方面做出了很大改进，但仍有提升空间。比如，上海允许报关企业只有47家，通关处理时间少则2天，长则3天。

海南探索建设自由贸易港，应该对标国际一流水平。目前，海南国际贸易“单一窗口”国家标准版覆盖海港、空港口岸，并拓展至海关特殊监管区，“离岛免税”“游艇入境”“跨境电商”等海南特色功能已初步上线，可以说是率先从“1.0版”走到了“3.0版”。今后，建议逐步取消对报关企业数量的限制，通关时间由目前的小时计提升到分钟、秒计，对进出口货物实行企业“自主声明＋规定现备案＋有限检查”的管理模式，努力做到通关效率国际一流、国内最高。

（四）资金流动自由

海南探索自由贸易港的题中应有之义就是扩大金融开放，在与内陆建立有效防火墙的基础上，放开国际资本自由进出，探索发展人民币资本项下自由兑换，外资企业利润可自由汇出。海南若要在建设自贸港背景下进一步发展国际金融中心，需要实现的关键职能主要有四方面：未来海南的金融行业须首先完成向现代金融体系的转换；拥有新的对于人流、物流、技术流、资金流以及专注于产业聚集所需要的金融服务；大量资金需求需要创新的金融手段；建设能够凸显精品型以及高辨识性的国际金融分金融中心，包括财富管理中心以及关键要素的全球交易中心。

来自中国境内高净值人士以及富裕人群对于全球资产布局的需求日益增长，境外周边地区、市场间存在着因信息不对称可能带来的财富增值机会，这对于海南而言是一个难得的发展机遇。建议海南离岸金融中心的建设模式分两步走，第一步实行“分离渗透型”模式：一是分账管理，分设在岸金融、离岸金融两个账户，单独处理。二是适度渗透，设定一个阈值，让资金双向适度流动。三是园区监管，对标享受“一园一策”营商环境要求，让园区“说了算”。努力形成园区内外、在岸金融与离岸金融互动发展的格局。第二步，实行“内外一体化”模式（取消外汇管制，境内外、本外币自由流通，不存在在岸金融、离岸金融账户分设与单独处理），在海南岛全域构建起自由化、国际化、便利化和法治化金融运营体系。

推进已试行“FT”账户升级。实现使用“FT”账户对岛内所有金融机构和经认定企业的全覆盖，全岛“FT”账户与境外账户实现经常项下和资本项下自由兑换；根据实体企业需求设定相匹配阈值，实现“FT”账户下跨境人民币融资和跨境外币融资相通，对跨境人民币融资不设总额限制。借鉴上海 QDLP（合格境内有限合伙人）模式和深圳 QDIE（合格境内投资企业）模式，每年给予一定额度，允许注册在海南的境内外合格机构投资者在国内募集人民币，换汇后投资境外资本市场和私募基金。

（五）人员往来自由

习近平总书记在“4·13”讲话中提出，海南要利用建设自由贸易港的契机，加强同“一带一路”沿线国家和地区开展多层次、多领域的务实合作，建设21世纪海上丝绸之路的文化、教育、农业、旅游等交流平台，在建设21世纪海上丝绸之路重要战略支点上迈出更加坚实的步伐。自2018年5月1日起，中央决定允许对来琼国外游客落地免签从26个国家扩大到59个国家。下一步，积极争取实施大部分国家免签和落地签，适当延长免签入境停留时间。学习新加坡对外国劳工、技能人才、高技术人才、专业人才分类管理的做法，增强引进人才的国际吸引力，大幅放开工作签证。鼓励东南亚等国际各类人才和青年就业创业，推动人员自由流动。积极对接粤港澳大湾区建设，在引进人才来琼工作、合作培训专业人才等方面取得成效，为琼港澳服务贸易一体化提供人才保障。

（六）数据流动自由

当今世界，数据的大量产生与流动成为推动科技进步的原生动力，国际贸易也更多地依赖数据的跨境流动，其中最核心的问题是安全、速度。速度是以5G技术为代表，海南理应率先应用；安全方面则需要做好平台、应用、管理等工作。将来海南自由贸易港能达到多高的开放程度，取决于我们管理水平的高低。人流、物流、资金流进出岛系统和社会管理信息平台是中国特色自由贸易港建设的基础性项目。海南省大数据管理局已经挂牌成立，按照国际最领先的理念、最先进的技术、最高的标准建设统一的大数据平台。在应用方面，加快推动信息的集聚整合、互融互通和高效利用，提升社会管理水平，创新海关监管模式，提升大数据中心功能，初步建立全天候、实时性的人流、物流、资金流进出岛信息管理系统。正如李克强总理指出的那样，数据连着民心、数据连着民生，要在保证安全的前提下，向社会开放公共数据，提高为群众服务的精准性，探索社会治理高效路径。网络的特点是边际成本几乎为零。例如，一部网络剧有100万人看和10亿人看几乎没有差别，边际成本非常低，规模大就是优势，流量就是生产力，优势非常突出。现在的新技术如网络技术、数字技术和智能技术打破了时空同步、同时同地的要求，大大提高了服务业劳动生产率。数据自由流动还将催生新兴产业。以教育为例，100 年以来，在面对面的现场授课实景教育方式下，劳动生产率没有提高；但现在有了网络转播技术，有了远程教育，同时可以有上百万、千万的听众来参与，效率得到根本性的改善。以物业管理的安保行业为例，远程保安公司利用监控系统，一个人可同时监控过去几十个人管理的区域。再如，借助互联网和智能技术，个人、小微贷款覆盖面和风险防控有了非常大的改善，提升了金融服务效率。此外，网络技术还可与制造业、服务贸易融合发展，海南传统制造业受物流成本制约没有优势，但可以依托内地庞大的制造业规模，面向国际国内两个市场，发挥设计、集成优势，探索基于互联网时代的制造业发展新模式，探索云工厂模式，形成交易成本低、规模经济显著的全球领先的服务贸易形式。以数据自由流动的“亮点”，推动形成服务贸易的“量点”，这或许是海南自由贸易港相比传统自贸港“换道超车”的后发优势所在。

（七）探索“零关税、低税率、简税制”的税收制度

海南现有的税收优惠政策包括游客免税购物、境外游客退税、跨境电商部分免税、国际进口商品博览会期间部分免税。由于税收在我国属于中央事权，且不同国家可比性不大，海南本着能争取多少是多少的原则，持续做好机关工作。同时，海南探索建设中国特色自由贸易港，应学习借鉴新加坡经验，积极向中央争取自贸港国际通行的零关税、低税制政策，积极争取进口商品免征进口环节的关税、增值税、消费税，企业和个人所得税税率较低，税制简单。中央政策落地前，地方财政应过紧日子，放水养鱼，以地方财政奖励吸引总部型贸易企业、物流企业、境外高端人才。比如，可借鉴粤港澳大湾区境外高端人才个人收入所得税 15% 以外由地方财政补贴的做法。同时出台重点产业财政支持政策，增强税制国际市场竞争力，吸引更多外国公司入琼落户发展。有关部门调研时发现，尽管这两年新注册市场主体大量增加，但纳税活跃度、有效金融活跃度都偏低。招商引资时面对外商提出的税收条

件的诉求，现行政策无法满足，不少企业看中了海南的未来前景，但仍持观望态度。海口、三亚首批总部经济认证的30家企业，基本上都是注册在海南，运营仍在原地。要完善财政、税收政策，真正让总部型企业在海南扎下根，并枝繁叶茂、成长壮大。

（八）健全与自由贸易港开放度相匹配的完备法律体系

2019年2月，中央深改委审议通过了海南依法治省意见；全国人大已经启动了自贸港相关立法工作。我们要用好海南经济特区自主立法权，配合全国人大调研自贸港法。建议以海关、税收、外贸、金融、出入境管理、仲裁、保护产权、履行契约、促进市场统一、维护平等交换、保护公平竞争为重点内容和基本导向，对标国际最高水平，构建适应自贸港开放程度的法律法规制度体系。要采取建立责任机制等有力举措，及时执法、严格执法和公正执法，努力做到透明高效，裁决裁定执行到位。

（九）政府服务高效廉洁

应该说，近年来海南在优化营商环境方面已取得长足进步。但在琼企业仍然有很多不满意的地方，认为省里改善营商环境的举措有些并非企业真正关注或迫切需要的。政府在招商引资过程中，对于外商提出的税收优惠诉求，在现有政策框架下实际上是无法满足的。因而，目前不少企业即便是看中海南的未来前景，也仍多持观望态度。

今后，我们要按照系统集成思路，抓好营商环境生态建设。一是用互联网思维重构管理体系，提高行政效能。以企业需求为信号、为导向，深化机构改革和优化物流业组织保障体系，把履行公共管理职能的事业单位依法改造为法人机构，形成专业分工、激励有效、监督有力的机制。对公职人员收入采取更为严格的监控措施，在细节上也要从严要求，形成“不想贪、不敢贪、不能贪”的政务环境，构建“亲”“清”的政企关系。二是优化政务环境。比如，积极开展“网上办事、掌上办事”；推动“多审合一”“多验合一”“一窗通办”从试点园区扩大到全省所有园区；对扰乱企业、加重企业负担行为零容忍；探索设立重大企业和集中开工项目公务管家制度，实行“一对一”专人贴身服务，企业不叫不扰、一叫即到；努力改进作风，对企业家需求开展走访活动，对共性的问题（如“新官不理旧账”），作为省、市县政府整改的内容抓好落实。三是做好增绿、活水、亲近自然的文章。以“治堵、治乱、治脏”为重点，大张旗鼓地开展“全民洁净和绿化宝岛行动”；海口、三亚率先在机场、动车站、公交站主要道路、建筑物间建造遮阳挡雨长廊，通过引绿入室、立体绿化，真正打造热带滨海花园城市；有条件的公共场所推广使用免费净水机，减少塑料瓶等不可降解垃圾，同时向上海学习，强制推行垃圾分类，从大处着眼、小处入手，不断提升游客、居民生活服务配套舒适满意度。

后 记

有位伟人曾说过这样一句话：忘记过去就意味着背叛，历史的价值和意义，不只是回顾的愉悦，更重要的是对未来的启发和指导，继承和发扬。

小国创大业，这是对新加坡最好的诠释。“小而巧、少而优”，灵活和效率就是它最好的武器；“多种族、多元化”，造就了新加坡国际化的开放包容。作为一个岛国，用一句中国老话来说就是“靠山吃山，靠水吃水”，优越的全球地理位置，让新加坡获得了最可靠的后天资源，也许这是上天赐给这块土地唯一的“天然”资源吧。让人惊喜的是，新加坡人发现了它，并让它发挥了应有的作用，如今新加坡的海运、空运、产业和科技水平均已位居世界前列。在我停留新加坡的这段时间里，印象最深刻的是新加坡人的勤俭和坚持，我理解并尊重他们这种珍惜的精神，这更是值得我们学习的地方。

当今社会缺少的并不是出书者、做讲座者，而是读者、实践者。从新加坡学习培训归来，就想写一部关于新加坡发展的书，主要是因为海南正在探索建设中国特色自由贸易港，而海南现在面临的问题，诸如城市拥堵、污水处理欠账、城市更新改造、机场建设等，新加坡在历史上都经历过，而且新加坡人通过自己的努力和智慧，成功地解决了这些问题，在效率和服务水平方面处于世界领先位置，这是海南当前最需要学习借鉴的。

如果能够把这些新加坡经历过的事情告诉今天的建设者，或许海南能高点起步，少走一些弯路，少一些困惑。本书参阅了学习资料“小红点·大格局”。

谁能包容世界，谁就能拥有世界。让自贸港成为世界经济文化交流的中心、人类未来发展之路的领路者。人类的目光会在这里交汇，迸发出最耀眼的光芒。

海南，你准备好了吗？

熊安静

2019 年 10 月 20 日于海南海口南渡江畔